Ma… …AS

que… …no

de Henri Bosc

Marianne Carbonnier-Burkard

La révolte des Camisards

Editions OUEST-FRANCE

DANS LA MÊME COLLECTION

La Première Guerre mondiale en France, Jean-Noël Grandhomme

La Seconde Guerre mondiale en France, Jean-Noël Grandhomme

Le Livre au Moyen Âge, Sophie Cassagnes-Brouquet

La Tragédie des cathares, Claude Lebédel

Les Templiers, Patrick Huchet

La Guerre au Moyen Âge, Renaud Beffeyte

Le Monde des métiers au Moyen Âge, Sophie Cassagnes-Brouquet

Sur les traces des Celtes en Europe, Maurice Meuleau

Sur les traces des Vikings en France, Jean Renaud

Le Mont-Saint-Michel, Henry Decaëns

Les Croisades, Claude Lebédel

Les Châteaux forts en France, Jean-Pierre Panouillé

Les Compagnies des Indes, Philippe Haudrère et Gérard Le Bouëdec

Histoire de la ligne Maginot, Jean-Pascal Soudagne

La République française et ses présidents, Pierre Brasme

Histoire du christianisme en France, Marie Pinsard

La Révolte des Camisards, Marianne Carbonnier-Burkard

Mythes et réalités, histoire du Roi Arthur, Christine Ferlampin-Acher, Denis Hue

La Vie des femmes au Moyen Âge, Sophie Cassagnes-Brouquet

Cartographie : Patrick Mérienne

www.editionsouestfrance.fr

INTRODUCTION

En 1702, dans le royaume du tout-puissant Louis XIV, des protestants des Cévennes, paysans et cardeurs de laine, ont pris les armes pour réclamer la liberté de conscience. Le soulèvement a bientôt débordé la chronique locale, inquiété la Cour et intéressé Genève, Londres et la Hollande. Pendant deux ans, ces quelques milliers de combattants improvisés ont en effet tenu tête à plus de vingt mille soldats des armées régulières, commandées successivement par deux maréchaux de France. Vaincus en 1704, ils ont encore tenté à plusieurs reprises de relancer la guerre, jusqu'en 1710.

Les protestants rebelles sont apparus dans l'actualité des gazettes et des pamphlets au début de l'année 1703, en même temps que le mot qui les a désignés, à la fois imagé et énigmatique : « camisards ». L'un des tout premiers protagonistes de la « guerre des camisards », Abraham Mazel, rédigeant ses mémoires en 1708, s'est lui-même interrogé sur le sens du mot : « Je ne sais si c'est parce que nous donnions souvent la *camisade* (attaque de nuit)... ou parce que d'ordinaire nous nous battions en chemise ou en camisole » (par opposition à l'uniforme des militaires). C'est en tout cas sous ce nom que les « soulevés des Cévennes » sont entrés dans l'histoire.

Fanatiques et séditieux pour les uns, héros de la liberté pour les autres, les camisards ont étonné les contemporains, dans toute l'Europe, et n'ont pas fini d'étonner. Cette guerre présente plusieurs singularités, non seulement en tant qu'événement historique – ni révolte populaire traditionnelle ni guerre de religion classique –, mais encore comme objet d'enquête des historiens, matériau de fictions pour romanciers, lieu de mémoire aussi – et modèle (parfois contesté) – pour les protestants, les Cévenols, les résistants de tant de combats contre la tyrannie. L'abondance des publications – sinon de l'iconographie – témoigne de la fascination exercée par les camisards depuis trois siècles, bien au-delà des frontières de l'histoire de France.

Avant de présenter l'histoire, puis la légende des camisards, il est nécessaire d'expliquer le contexte de 1702, la crise provoquée par l'interdiction en France de la « religion prétendue réformée ».

LA RELIGION INTERDITE

La religion interdite dans le royaume de France à partir de 1685 (quand l'édit de Nantes a été révoqué), était officiellement désignée comme « R.P.R. » ou « religion prétendue réformée », afin de disqualifier les Églises se réclamant de la Réforme protestante. Avec la révocation de l'édit commence, pour les réformés français convertis de force, le temps du « Désert ».

La religion prétendue réformée (R.P.R.)

Dès les années 1520, les idées nouvelles de Luther – l'« Évangile » (ou bonne nouvelle) du salut gratuit par la foi – ont commencé à circuler dans les villes du royaume de France. La répression déterminée du roi et du parlement, à partir de 1535, a freiné mais non empêché la propagation de l'« hérésie » par les livres, les prédicateurs, les maîtres d'école. À partir des années 1540, Genève, ville francophone proche de la frontière, dominée par la personnalité de Jean Calvin, est devenue la principale destination des réfugiés et le principal centre de propagande réformée. Les premières Églises « réformées » (appelées aussi « calvinistes »), constituées sur le modèle de l'Église de Genève, mais clandestines, apparaissent en France à partir de 1555. En 1559, réunies à Paris en synode national, elles se dotent d'une confession de foi commune et d'une « discipline ».

La confession de foi des Églises réformées en France

Ce texte très inspiré d'un projet de Calvin, mis au point en 1559, a été confirmé au synode national des Églises réformées à La Rochelle (1571) et depuis lors désigné comme « confession de La Rochelle ». La confession de foi de La Rochelle présente, dans le cadre de l'histoire du salut (Création, Chute, Loi, Jésus-Christ), les grands principes de la Réforme : l'autorité

de l'Écriture seule (sans les traditions de l'Église), le salut par la grâce seule et par la foi seule (sans les mérites des œuvres). L'Église est comprise comme l'assemblée des fidèles où la Parole de Dieu est seule prêchée et les sacrements – baptême et cène (eucharistie) – purement célébrés. Le pain et le vin de la cène, signes du corps et du sang du Christ, sont « vraiment nourriture spirituelle » pour ceux qui les reçoivent avec une « pure foi ».
Plusieurs doctrines et pratiques de l'Église romaine sont rejetées : l'intercession des saints, le Purgatoire, les œuvres méritoires, l'obligation de la confession des péchés au prêtre, la messe comme sacrifice, la transsubstantiation (transformation du pain et du vin en corps et sang du Christ opérée par le prêtre) et par conséquent aussi l'adoration du saint sacrement.

La discipline des Églises réformées

La discipline précise l'organisation commune des Églises réformées (fondamentalement non hiérarchique), leur structure interne (un consistoire d'« anciens » pour une Église), ainsi que leurs liens organiques (synodes provinciaux et nationaux, rassemblant au moins autant de « laïcs » que de pasteurs).

Elle fixe pour les pasteurs et les fidèles des normes de comportement, que sont chargées de faire respecter les instances disciplinaires (consistoires et synodes).

Elle précise les rôles et la procédure de désignation de ceux qui encadrent chaque Église locale : « ministres » et « anciens ».

— Les « ministres » (« ministres de la Parole » ou pasteurs) sont d'abord examinés par le Synode provincial qui les « envoie » vers une Église, puis sont approuvés par le « peuple » de cette Église. Ils sont avant tout des prédicateurs : chaque dimanche, ils expliquent et actualisent la Parole de Dieu (lue dans la Bible de Genève : Bible traduite par Olivétan, révisée par Calvin, puis par Théodore de Bèze et les « professeurs de Genève »). D'où le souci de leur formation théologique dans des « académies » (comme celle de Genève, fondée en 1559).

— Les « anciens » – généralement entre 5 et 10 dans chaque Église, choisis par la communauté – ont des pouvoirs très étendus. Réunis régulièrement en consistoire avec le pasteur, ils « surveillent » les

comportements extérieurs des fidèles (pratique religieuse et mœurs), règlent les conflits, suspendent de la cène les « pécheurs scandaleux ». Leur fonction est d'empêcher les « scandales », non de fouiller les consciences.
Le plus souvent, l'un ou l'autre des anciens exerce le ministère de « diacre » : lui revient alors le soin des pauvres et des malades.

Vers 1560, le nombre des réformés s'est beaucoup accru, surtout dans les villes et loin de Paris : dans le Dauphiné, le Vivarais, les Cévennes et le Languedoc, la Guyenne, le Poitou et la Saintonge. On commence à les désigner par le sobriquet de « huguenots » (sans doute, de « eidgenossen » : confédérés suisses). Le poids nouveau des réformés, forts d'une bonne partie de la noblesse, et la mort imprévue de Henri II (1559), ouvrant une période de fragilité du pouvoir royal, changent la donne. Contrariés par la famille des Guises, catholiques zélés, des nobles huguenots vont jusqu'à tenter un coup de force (conspiration d'Amboise, mars 1560). Bravant les lois, les réformés n'hésitent plus à participer à des prêches au grand jour. Dans plusieurs villes, ils s'emparent d'églises ou chapelles, qu'ils vident des autels et statues. L'amiral Gaspard de Coligny, nouveau réformé, réclame la liberté de culte.

Conseillée par son chancelier Michel de L'Hospital, la régente Catherine de Médicis tente une stratégie de concorde religieuse (colloque de Poissy), puis se résigne à un régime de coexistence entre catholiques et réformés, signant en janvier 1562 un édit qui accorde à « ceux de la nouvelle religion » la liberté de culte hors des villes. Du point de vue des autorités de l'Église romaine et de ses fidèles, cet édit de tolérance contredit le concile de Trente (1545-1563) qui a déjà jeté l'anathème sur l'hérésie de Luther et de Calvin. Insupportable à la majorité catholique, l'édit de Janvier déclenche une série de guerres de Religion.

Le culte réformé

Le rite constitutif des Églises réformées est le culte, appelé « prêche » ou « assemblée » (même mot que « Église »), qui a lieu au moins tous les dimanches. Le prêche consiste en lecture de la Bible (ou « Écriture »), prédication et prières par le pasteur, chant de psaumes (mis en vers

par Clément Marot et Théodore de Bèze) par l'assemblée. Quatre dimanches par an (Pâques, Pentecôte, septembre, Noël), le prêche est prolongé par la cène, tous les fidèles communiant avec le pain et le vin.
À partir des années 1560, et surtout après l'édit de Nantes, les réformés se réunissent pour le prêche dans des « temples », construits à cet effet.
Le culte de famille est pratiqué dans beaucoup de familles, matin et soir. Le père dit une prière, lit un passage de la Bible, fait chanter un psaume.

Ces guerres vont durer près de quarante ans. Les partis catholique et protestant, encadrés par des familles nobles rivales, se sont affrontés pour le contrôle de l'État et le statut de la religion réformée dans le royaume. À côté des opérations militaires, ou dans leur sillage, des violences incontrôlées ont soulevé des foules catholiques et protestantes : ainsi, du côté réformé, en 1562 surtout, les destructions d'images dans les églises (« iconoclasme ») ; du côté catholique, les massacres de la Saint-Barthélemy, en 1572. Plusieurs traités de pacification successifs ont organisé brièvement une coexistence entre la majorité catholique et la minorité réformée. C'est l'un de ces traités, en 1573, qui a imposé la désignation de la religion réformée comme « religion prétendue réformée » (« R.P.R. »). Le roi Henri IV – un Bourbon réformé qui a dû se faire catholique pour conquérir la Couronne – réussit à mettre fin à ces guerres par l'édit de Nantes, signé en 1598.

En dépit de l'hostilité de l'Église catholique au régime de tolérance, l'édit de Nantes ne sera remis en question, ni après l'assassinat de Henri IV en 1610, ni à la suite des nouvelles guerres de Religion des années 1620-1629, animées par Henri de Rohan à la tête du parti protestant. Certes, les dernières places de sûreté huguenotes ont été supprimées, à la paix de Nîmes (1629). Mais le dispositif de protection organisé par l'édit de Nantes a permis aux protestants minoritaires de trouver leur place dans le royaume catholique, pendant près d'un siècle.

L'édit de Nantes (1598)

L'édit confirme la religion catholique comme la religion officielle du royaume et aménage des espaces de liberté pour « ceux de la R.P.R. » (« religion prétendue réformée »), c'est-à-dire les réformés :

— liberté de conscience
— liberté de culte limitée à certains lieux :
— chez les seigneurs ayant le droit de « haute justice »
— dans les villes où le culte réformé était célébré depuis un certain temps
— dans les faubourgs de deux villes par bailliage ou sénéchaussée
Des interdictions spéciales concernent Paris et sa banlieue, et les terres des grands seigneurs ligueurs.
— **l'égalité d'accès aux charges et offices publics**
— **l'égalité devant la justice** (par l'institution de chambres paritaires adjointes aux parlements).
En outre, une centaine de **places fortes** encore aux mains des réformés leur sont laissées pour une période de huit ans, comme « sûreté », le temps que la paix fasse ses preuves. Les dernières places de sûreté n'ont été supprimées qu'à la paix d'Alès (1629), après les nouvelles guerres de Religion au début du règne de Louis XIII.

L'édit de Fontainebleau (1685)

Art. 1 : ordre de démolition des **temples** subsistants.

Art. 2-3 : interdiction du culte et de toute **assemblée** « en aucun lieu ou maison », sous peine de prison.

Art. 4-6 : expulsion, dans un délai de 15 jours, de tous les **pasteurs** qui refuseraient de se convertir, mais reclassement professionnel pour les autres.

Art. 7 : interdiction des **écoles** de la R.P.R.

Art. 8 : obligation de faire **baptiser** les enfants et de les faire **instruire** par les curés.

Art. 9-10 : interdiction d'**émigrer**, sous peine de galères pour les hommes, prison pour les femmes.

Art. 11 : punition des « **relaps** » (« N.C. » retombés dans l'« hérésie », en refusant les sacrements de l'Église catholique).

Art. 12 : pour ceux « de la R.P.R. » que Dieu n'aurait pas encore « éclairés », droit de rester dans le royaume, sous condition de ne pas s'assembler pour la prière ou le culte.

L'apparente tolérance provisoire des « opiniâtres » de la R.P.R. (art. 12), voués à l'extinction puisque les enfants à naître seront obligatoirement catholiques, a été contredite par une série de mesures prises dans la foulée de l'édit de révocation.

Cas unique dans les législations de la fin du XVIIe siècle, l'édit de Fontainebleau contraignait plusieurs centaines de milliers de dissidents à se convertir à la religion du prince, sans même leur laisser la liberté minimale de quitter le territoire.

La Révocation

La révocation de l'édit de Nantes en octobre 1685 est venue de loin, poussée par les Assemblées du clergé, engagée par Louis XIV dès les années 1660 et surtout après la paix de Nimègue, en 1679. Pièce à pièce, l'édit de Nantes a été démantelé : exercices de culte supprimés, temples rasés, collèges et écoles fermés, synodes surveillés, charges, offices et même métiers fermés. La pression aux conversions s'est exercée par tous les moyens : maisons de conversion (fondées par les Compagnies de la Propagation de la foi), aides financières (« caisse des économats »), « dragonnades » (logement forcé de compagnies de cavalerie chez les huguenots, méthode expérimentée en Poitou en 1681). Tout s'est accéléré après l'Assemblée du clergé de 1682 : où les évêques obtinrent l'appui du roi pour enjoindre aux réformés de renoncer à leur schisme et de « se réconcilier à l'Église ». Afin de hâter la réconciliation, les déclarations et les arrêts tombent alors comme grêle contre les pasteurs, les lieux de culte, les « fugitifs » (émigrés). Les troupes démobilisées à la suite de la trêve de Ratisbonne avec l'Espagne sont employées en Béarn pour de nouvelles dragonnades (mars-juillet 1685), puis en Poitou, en Guyenne, en Languedoc, Cévennes, Dauphiné (septembre-octobre 1685). La terreur des dragons déclenche des vagues de conversion, par villages entiers, dont l'écho parvient à la Cour : pour un peu la France deviendrait « toute catholique ». Signé en octobre 1685, l'édit de Fontainebleau révoquant l'édit de Nantes, n'a d'autre but que d'accélérer l'irrésistible mouvement de disparition de la R.P.R.

Dès la publication de l'édit, les temples subsistants sont rasés et les pasteurs « opiniâtres » expulsés (sur quelque 780 pasteurs, en activité ou « déchargés », encore en France à ce moment-là, 620 partent pour l'exil ; 160 abjurent, dont 130 définitivement). Avec ces mesures à exécution immédiate, il s'agit de casser tous les cadres de la R.P.R., pour dissoudre l'« hérésie ». Sur quelque 750 000 réformés, plusieurs dizaines de milliers avaient déjà abjuré, individuellement ou collectivement, dans les mois précédant l'édit de Fontainebleau. L'édit publié, la pression à la conversion ne se relâche pas : missionnaires et dragons visitent systématiquement les villages et les bourgs habités par des réformés pour recueillir leurs abjurations ; à Paris, dans le même but, le lieutenant fait procéder à des rafles sur liste des réformés. En quelques mois, des centaines de milliers de ceux de la R.P.R. sont devenus N.C. (« nouveaux convertis » ou « nouveaux catholiques »).

L'abjuration, verrouillée juridiquement par les peines portées contre les « relaps », place les N.C. sous contrôle. Pour leur instruction religieuse, le roi fait distribuer massivement des explications de la messe en français, et même le Nouveau Testament dans une traduction autorisée, afin de contrer les mauvaises lectures hérétiques. Leur assistance à la messe et leur communion pascale sont surveillées. De même leur maladie et leur mort : le refus de l'extrême-onction est un crime de relaps aggravé, passible, en cas de rétablissement du malade, de la peine des galères pour les hommes, de la prison pour les femmes, en cas de mort, de peines frappant non seulement le cadavre, « traîné sur la claie et jeté à la voirie », mais aussi les héritiers, par la confiscation des biens du défunt (déclaration d'avril 1686, modérée il est vrai en février 1687).

Que leurs parents soient N.C. ou encore de la R.P.R., tous les enfants nés depuis octobre 1685 doivent être baptisés et élevés dans l'Église catholique. Deux textes de 1686 étendent l'obligation catholique aux enfants entre 5 et 16 ans : ils doivent être envoyés au catéchisme, et « en cas qu'ils y manquent », être soustraits à l'autorité parentale et remis par les juges, soit aux mains de parents catholiques, soit dans des collèges, couvents ou hôpitaux (édit de janvier 1686 et déclaration de mai 1686).

Sous l'orage de 1685-1686, les réformés dans leur très grande majorité ont plié, en devenant N.C. Cependant, presque aussitôt, ils ont tenté de se soustraire à l'obligation catholique, en désobéissant aux lois de différentes manières.

L'une des formes de la désobéissance est la fuite. En dépit des interdictions réitérées depuis 1669, et de la surveillance des frontières, les dragonnades et l'édit de Fontainebleau déclenchent des vagues d'émigration sans précédent. Au point qu'une nouvelle déclaration doit être publiée en mai 1686, pour étendre aux N.C. et à ceux qui en « favorisent l'évasion », les peines prévues par l'édit de Fontainebleau pour « ceux de la R.P.R. » : galères pour les hommes, prison pour les femmes, confiscation des biens pour tous ; puis une autre en octobre 1687, prévoyant cette fois la peine de mort pour les passeurs. Il n'empêche : par la mer, par les routes ou les sentiers de montagne, des hommes, des familles, souvent des villages entiers fuient, cherchant à gagner les Pays-Bas, l'Angleterre, Genève, la Suisse, l'Allemagne. L'exode, torrentiel dans les années 1685-1688, n'a pas cessé jusqu'au milieu du XVIIIe siècle, reprenant après chaque poussée de répression. On estime à 200 000 le nombre de ceux qui ont ainsi émigré dans les pays du « Refuge » entre 1685 et 1715.

Dans les régions où les communautés réformées étaient nombreuses et solidement implantées avant 1685, les conduites de résistance à l'obligation catholique prennent de multiples formes, le plus souvent passives, mais aussi, à l'occasion, actives, voire violentes. Plusieurs générations, pendant un siècle, vivront ainsi plus ou moins clandestinement la religion interdite, au « Désert ». C'est dans les Cévennes et la plaine du Bas-Languedoc (d'Uzès à Montpellier), région de maquis et de dense peuplement protestant, que la métaphore a pris tout son sens.

Le Refuge huguenot

Qui sont les réfugiés ?
Principalement des hommes, artisans, originaires des provinces du nord de la France (Picardie, Normandie, Champagne, Berry), de l'Ouest (Aunis, Poitou), des régions frontalières (Dauphiné), des villes côtières (Bordeaux, La Rochelle, Nantes, Dieppe). Au moins la moitié d'entre eux étaient des hommes seuls. L'émigration, clandestine et périlleuse, a fait éclater les familles.

Quelles destinations ?
Les premières destinations ont été des Provinces-Unies, Londres, Genève. Les villes proches des frontières du royaume ont joué le rôle de centres de premier

accueil, de secours aux plus démunis et d'aiguillage vers des lieux d'accueil. De Genève, Berne, Zurich, Schaffhouse, vite saturées, les réfugiés ont été dirigés vers Bâle et l'Allemagne. Francfort-sur-le-Main, avec son Église française, a joué le rôle de « plaque tournante du Refuge » continental. De là les exilés sont repartis vers la Hesse-Kassel et surtout la Prusse (dès octobre 1685, le Grand Électeur de Brandebourg, de confession réformée, faisait diffuser en France son édit de Potsdam, appelant les huguenots à « coloniser » ses terres, vidées par la guerre de Trente Ans).

D'une manière générale, les pays les plus favorables à l'accueil des huguenots ont été les pays réformés (calvinistes) d'Europe, les plus recherchés étant les pays avec population francophone (communautés wallonnes des Provinces-Unies, cantons de Suisse romande). Mais ni l'Église d'Angleterre ni la langue allemande n'ont été des obstacles au Refuge : les huguenots ont eu la liberté de former leurs propres Églises de langue française, voire de constituer des « colonies » en bénéficiant de privilèges. Si les réfugiés

ont longtemps vécu avec l'espoir du retour, leurs descendants se sont assimilés plus ou moins rapidement dans les différents pays de Refuge.
Cependant, une part non négligeable des réfugié n'est pas parvenue à s'installer durablement, passant d'un centre d'hébergement à l'autre, errant misérablement, pour finir souvent par rentrer en France. D'où la difficulté des décomptes d'une émigration-immigration étalée sur trois décennies.

Provinces-Unies : 70 000 réfugiés, principalement à Amsterdam, La Haye, Rotterdam
Îles Britanniques : 50 000 réfugiés, principalement à Londres, Canterbury, Southampton, Douvres, Bristol, Plymouth, Édimbourg, Dublin, Cork
Allemagne : 45 000 réfugiés, principalement en Brandebourg (48 « colonies » françaises), et en Hesse-Kassel
Suisse : 30 000 réfugiés, principalement dans le canton de Vaud
Divers : quelques milliers de réfugiés dans les colonies d'Amérique (New York, Boston, New Rochelle, New Jer-

sey, Caroline du Sud) ; en Russie ; en Afrique australe (Le Cap)
Total : 200 000 réfugiés

Le Désert

Le « Désert » fait partie du « patois de Canaan », de ces expressions empruntées à la Bible qui particularisent le langage des protestants français depuis la fin du XVIe siècle. À partir du milieu du XIXe siècle, ce vocable désigne une période historique large : le temps où la religion réformée était interdite, sous les règnes de Louis XIV et de ses successeurs, de l'édit de Fontainebleau révoquant l'édit de Nantes en 1685, jusqu'à l'édit « de tolérance », en 1787.
Devenu prédicant dans les Cévennes à partir de 1689, Claude Brousson a diffusé par ses écrits la métaphore du désert, pour interpréter la situation des protestants persécutés, identifiés au peuple d'Israël : désert de l'Exode, lieu de la libération de l'esclavage de Pharaon ; désert de l'Épître aux Hébreux, où les fidèles sont décrits « errant par les déserts, par les montagnes, par les cavernes et par les trous de la terre » ; désert-asile de

la Femme de l'Apocalypse. Ces images bibliques renvoyaient à une expérience partagée. C'est au sens propre que les prédicants marchaient « de lieu en lieu et de désert en désert », obligés de se cacher et de changer de cache tous les soirs, leurs têtes étant mises à prix ; et que leurs auditeurs des assemblées clandestines, de nuit, fréquentaient les garrigues, les grottes, les bois, les coins les plus sauvages des Cévennes ou du Vivarais.

Dans les messages rédigés par les camisards, dès 1702, l'adresse qu'ils indiquent, préservant l'anonymat, est toujours « au désert ».

LE DÉSERT EN CÉVENNES ET BAS-LANGUEDOC

D'après un dénombrement fait en 1698, en Cévennes et Bas-Languedoc, territoire correspondant à l'ensemble des cinq diocèses de Mende, Alès, Nîmes, Uzès et Montpellier, on comptait alors 133 000 « nouveaux catholiques » (N.C.) et 300 000 « anciens catholiques » (A.C.). On note qu'à cette date ceux qui n'avaient pas abjuré, les « opiniâtres de la R.P.R. », étaient réputés inexistants. Les N.C. étaient très majoritaires dans les paroisses des Hautes et Basses-Cévennes, surtout dans les villages et les hameaux, vivant de la terre et du travail de la laine. Assez peu (6000 ? 12 000 ?) avaient pu franchir les frontières dans les années suivant la Révocation. Le fait est que depuis son arrivée en septembre 1685, l'intendant du roi dans la province du Languedoc, Lamoignon de Bâville, était l'agent zélé de la politique royale de répression des « fugitifs » et des « séditieux » « de la religion ». Pour mieux contrôler le territoire, il avait fait percer des routes dans les montagnes, construit des forts pour d'importantes garnisons à Nîmes, Alès, Saint-Hippolyte, et mis sur pied dans tous les gros bourgs des régiments de « milice bourgeoise » (recrutés parmi les « anciens catholiques » les plus aptes aux armes et encadrés par des gentilshommes ou d'anciens officiers). À vrai dire il avait fort à faire.

La répression des assemblées

Dès la fin octobre 1685, des « assemblées », clandestines puisque interdites, sont signalées, à Vauvert, Anduze, Montpellier, Ganges. Cette pratique n'était pas nouvelle. Après les interdictions nombreuses d'exercice de culte, des prêches hors des temples s'étaient souvent tenus dans la région ; ils avaient été formellement interdits en 1682, d'où la violente répression qui était tombée en 1683, en Cévennes et Bas-Languedoc, après les manifestations dans les villes aux temples abattus (l'initiateur du projet, Claude Brousson, avait réussi à s'enfuir, de même qu'une quarantaine des pasteurs compromis, tous condamnés à mort, la plupart par contumace). Mais cette fois les assemblées se tiennent en l'absence de tout pasteur (comme les autres, les quelque 130 pasteurs encore présents dans la région en octobre 1685 ont dû quitter leurs communautés, ayant eu quinze jours pour plier bagage ou abjurer). Des « prédicants » s'improvisent, prêchant, célébrant la cène, baptisant. À partir de janvier et surtout du printemps 1686, les assemblées se multiplient en Cévennes et Bas-Languedoc, sous l'impulsion d'un jeune régent (maître d'école) de Valleraugue, François Vivent, et d'autres qui, comme lui, ont pris le maquis. Plus grave encore aux yeux de Bâville : des participants sont armés. Arrestations et exécutions ne tardent pas, confortées par la déclaration royale du 1er juillet 1686, ordonnant la peine de mort pour « tous ceux de nos sujets qui seront surpris faisant… des assemblées ou quelque exercice de religion autre que la catholique, apostolique et romaine », les galères à perpétuité pour les hommes qui « en quelque manière les aident », les femmes étant, elles, « rasées et enfermées ».

Notes d'un notable N.C. sur les assemblées du printemps 1686 en Cévennes

Élie Salvaire, sieur de Cisssalières, notable de Saint-Jean-du-Gard (juge seigneurial). Nouveau converti, le baron de Cissalières participait à la répression des assemblées.

Le 23 ou 24 avril, par ordre de M. le marquis de La Trousse, les sieurs Rodier, médecin et avocat, oncle et neveu, avec les sieurs Brunel, frères, et Troupel, marchand, et mademoiselle de Brunel, femme de l'aîné, de la ville d'Anduze, ont été relégués jusqu'à nouvel ordre à la Tour de Constance pour ne pas faire leur devoir sur la confession et communion ou

*instruction et la demoiselle de Brunel dans un couvent à *. Ils furent conduits par dix dragons.*
Anduze a fait grande difficulté pour se confesser. Le père Ribot, jésuite, a souvent porté des plaintes aux puissances. Chez plusieurs principaux habitants, il y a eu diverses garnisons de six dragons en pure perte et cette difficulté ou refus leur a attiré deux autres compagnies de dragons, outre la colonelle [compagnie] qu'ils ont depuis le 19 octobre dernier.
Depuis les fêtes de Pâques, plusieurs assemblées s'étant faites du côté du Pont-de-Montvert sur la montagne du Bougès du Méjac et des environs, les compagnies de Florac, Barre, Pont-de-Montvert et Saint-Maurice y ont fait divers détachements. Ils se mettent aux passages lorsque les assemblées se retirent et font divers prisonniers. Ceci a obligé les puissances d'y envoyer plus grande quantité de troupes, afin de bloquer tous les petits villages, avec ordre aux commandants, dans une lettre que M. de La Trousse leur écrivait imprimée que j'ai lue, de tirer dessus les assemblées, d'en faire pendre quelques-uns sur-le-champ, d'écharper les

autres et finalement de se saisir des plus coupables, avec cent pistoles de récompense à celui qui découvrirait l'assemblée pour y être assez à temps pour l'attraper et deux cents pistoles à celui qui prendrait le ministre ou prédicant. (Mémoire... 1686, p. 59)

À partir d'octobre 1686, du Refuge de Rotterdam, le ministre Pierre Jurieu encourage cette résistance à haut risque dans ses *Lettres pastorales* : le devoir des fidèles est de « chercher la Parole de Dieu » qui se fait entendre dans les « assemblées secrètes » – dans « un désert », sur la montagne ou dans un pré, non pas « dans les églises des papistes ». Jurieu était l'auteur déjà connu de l'*Accomplissement des prophéties* (mars 1686), annonçant pour 1689 la « délivrance de l'Église », précédée d'un grand « tremblement de terre ». Dans les nouvelles qu'il reçoit des Cévennes, il entrevoit déjà comme un signe du temps de la fin, puisqu'en « suscitant de pauvres montagnards » Dieu a « choisi les choses faibles de ce monde pour confondre les fortes ». Cependant, la répression ne faiblit pas sur les Cévennes et le Languedoc : en 1686-1687, les procès faits pour cause de participation à des assemblées ont conduit à vingt-quatre exécutions capitales, une cinquantaine de condamnations aux galères et au moins trois cents condamnations à la déportation en Amérique. Les prédicants ont été pendus ou sont en fuite.

À l'approche de l'année 1689, prédite comme l'« année des merveilles », qui verrait la chute de l'« Empire antichrétien » et la résurrection de l'Église réformée en France, des préparatifs de guerre et d'insurrection contre Louis XIV – en Angleterre, Allemagne, Suisse – enflamment les esprits. C'est alors que le Dauphiné (la région de la Drôme), avec « la bergère de Crest », est secoué de manifestations prophétiques ou « inspirations » (février-juin 1688). Puis c'est en Vivarais que le prophétisme se répand, faisant craindre une émeute à l'intendant Bâville, lequel met rapidement fin dans le sang aux assemblées menées par ces « fanatiques » (fous, visionnaires) [janvier-mars 1689].

Cependant, la politique de contrainte montre ses limites : dans les Cévennes les assemblées continuent et les curés de l'archiprêtré d'Anduze constatent que seulement 10 % des N.C. ont communié à

Pâques 1689. À l'été 1689, Bâville est informé du retour dans la province de plusieurs prédicants, Vivent, Brousson et d'autres réfugiés, en lien avec des projets insurrectionnels mis au point par des agents des « Alliés » (Angleterre, Provinces-Unies, Savoie, engagés dans la guerre de la ligue d'Augsbourg contre Louis XIV). En septembre, à la Cam de L'Hospitalet, il fait surprendre par la milice une assemblée où prêchent Vivent et Brousson, sous la protection de fidèles en armes : six des « attroupés » arrêtés sont pendus et huit envoyés aux galères. En 1690-1691, tandis que plusieurs assemblées sont découvertes, provoquant d'autres exécutions et envois aux galères, les fugitifs du groupe de Vivent n'hésitent pas à mettre à mort dénonciateurs ou apostats.

Après la mort de Vivent, les armes à la main (février 1692), Brousson organise les prédicants en réseau, tout en renonçant aux projets d'insurrection armée. Dorénavant les assemblées se veulent pacifiques et disciplinées (mais en octobre 1692, Bâville doit encore menacer les N.C. en possession d'armes). Les prédicants n'en demeurent pas moins traqués, leurs têtes mises à prix ; les fidèles fréquentant les assemblées sont à la merci de dénonciations, risquant les coups de feu des dragons ou de la milice, les galères ou la prison ; les paroisses suspectes sont frappées collectivement de lourdes amendes et d'opérations de maintien de l'ordre.

Les espoirs nés chez Brousson et d'autres des succès des ennemis de Louis XIV dans la guerre étrangère s'évanouissent avec la paix de Ryswick (1697). Pour forcer les N.C. à aller à la messe, Bâville relance des dragonnades dans le Bas-Languedoc (novembre 1697-février 1698) et dans les Cévennes (mars-avril 1698). L'un après l'autre, les prédicants sont arrêtés et exécutés – dont Brousson, en 1698 –, ou s'enfuient à l'étranger. L'intendant Bâville triomphe.

Les prêches des prédicants

Régents, tisserands, cardeurs de laine, la plupart des prédicants savaient lire (les illettrés, femmes surtout, sont signalés comme des miracles de l'Esprit). En faisant le prêche, tous ont cherché à imiter des modèles d'avant la Révocation. Les prêches au Désert commencent toujours par la prière et la lecture de chapitres de l'Écriture. Suit, si possible, une explication du texte avec son « application » (à l'aide de copies de sermons d'après d'anciens recueils imprimés, ou, dans les années 1690, de copies de Claude Brousson, qui s'était formé en théologie au cours de son exil en Suisse). Le cœur du prêche est l'« exhortation », parole inspirée de Dieu pour son Église (« assemblée »).

Les discours libres des prédicants sont faits de versets tirés du Nouveau Testament, des Psaumes, des Prophètes, associés et recomposés. Ils exhortent à la repentance, la Révocation étant interprétée comme le châtiment de l'infidélité du peuple, et les abjurations comme le péché le plus grave. Ils exhortent en même temps les fidèles repentis à « sortir de Babylone », c'est-à-dire à ne pas aller à la messe idolâtre (ne pas adorer le « dieu de pâte »). Surtout ils consolent le peuple abattu, qui est l'élu, l'« aimé de Dieu » : le temps de la « délivrance » est proche.

Après le sermon, les N.C., appelés à « se réconcilier à l'Église et à Dieu », s'engagent publiquement à s'abstenir de la messe.

L'évêque de Nîmes, Esprit Fléchier,
à propos de la déclaration royale du 13 décembre 1698

Tous mes curés l'ont publiée et l'ont expliquée aux peuples. Je leur ai fait connaître moi-même en diverses occasions qu'il était temps de rentrer dans le sein de l'Église [...]

Nous vîmes un assez grand relâchement parmi les N.C. [...] La plupart de ceux qui venaient à l'église n'y vinrent plus [...]

Un de mes premiers soins a été de veiller à l'éducation des enfants que leur âge rend plus dociles et plus susceptibles des impressions de religion qu'on veut leur donner. Les écoles se sont remplies, mais ce n'a pas été sans beaucoup de peine. On a vu dans les parents plus d'application que jamais à les empêcher d'aller à l'église et de s'instruire de la religion catholique. [...] Les amendes les ramènent quelquefois, mais il faut toujours avoir les yeux sur eux.

J'ai reconnu qu'il n'y avait pas de moyen plus utile que de mettre des jeunes filles dans les couvents pendant quelques mois pour y être instruites. Elles y reçoivent des impressions de foi et de piété que les mères tâchent d'effacer, mais qui fructifient après en leur temps. En tout cas la modestie qu'elles y apprennent les rend plus capables des sentiments de religion ; nous en avons fait passer un grand nombre par ces instructions. [...] Il serait à souhaiter qu'il y eût autant de collèges où l'on pût faire élever les garçons. [...]

J'ai ordonné à mes curés, selon les ordres de Sa Majesté, d'être attentifs sur les N.C. malades ; ils en trouvent plusieurs qui refusent de les écouter, et qui déclarent qu'ils veulent mourir dans la religion où ils sont nés. Les juges y sont appelés, après que le prêtre a fait tous les efforts que le zèle et la charité lui inspirent pour les ramener. [...] Il y a dix ou douze affaires de cette nature prêtes à juger, mais les procédures sont longues ; il faut avoir recours au Parlement, et le mal croît et se multiplie avant qu'on y ait apporté le remède qui sont le châtiment et l'exemple qu'on en veut faire.

(Lettre à M. le Marquis de Châteauneuf, ministre, le 4 juin 1699)

Le nouveau contexte de 1698

D'un bilan de la politique de conversion demandé en 1698 aux intendants et aux évêques dans tout le royaume, il ressort qu'un peu partout les N.C. « négligent fort leurs devoirs » et participent à des assemblées clandestines. À la suite de ce constat pessimiste, une déclaration du roi, en décembre 1698, tout en répétant les menaces de la répression, s'attache à reprendre en main le contrôle un peu relâché de la pratique religieuse des N.C., surtout l'instruction des enfants (rappel du catéchisme obligatoire pour les enfants de 7 à 14 ans). Dorénavant, c'est la persuasion qui doit prévaloir sur la contrainte à l'égard des N.C. Ciblée sur la jeunesse, la déclaration est complétée par une instruction aux intendants, leur rappelant de « mettre dans des collèges ou des couvents ou dans des maisons catholiques les enfants dont les pères et mères n'assisteront pas aux instructions (prônes) et ne feront pas leur devoir de catholiques ».

L'enfance d'un nouveau converti (N.C.)

Élie Marion (1678-1713), devenu inspiré en janvier 1703, rejoignant peu après les camisards, a fait un récit de sa vie en 1707, une fois réfugié à Londres. Né à Barre, d'une famille de ménagers (propriétaires fonciers), Élie Marion avait 7 ans en 1685, quand les dragons sont arrivés dans la ville, « forçant tout son peuple protestant à embrasser le papisme », y compris ses parents. Comme tous les autres enfants, il a dû aller aux « petites écoles » tenues par le curé, apprenant le catéchisme en même temps que la lecture et conduit à la messe le dimanche.

J'avais été élevé [...] selon le malheur des temps ; forcé par les uns, dès mon enfance, à fréquenter les messes et instruit par mes père et mère, mais d'une manière peu efficace, vu l'espèce de nécessité où ils se trouvaient, par la persécution, de me donner eux-mêmes l'exemple de ce qu'ils désapprouvaient. Ma première jeunesse se passa donc ainsi, dans l'embarras de je ne sais quels doutes, incapable de démêler ces difficultés par mes propres réflexions et contraint en quelque manière de m'accommoder au temps.

C'est seulement « à l'âge de 20 à 22 ans », faisant une formation d'avocat à Toulouse, qu'il « rentre en [lui] même », et prend conscience des « superstitions de la religion romaine ». De retour à Barre en septembre 1701, il y découvre les premiers inspirés – des enfants – et commence alors à fréquenter les « assemblées que les inspirés faisaient malgré les grandes persécutions ». (Maximilien Misson, *Théâtre sacré des Cévennes*, 1707, p. 72)

Bien convertir la jeunesse ? En 1700, arrive à l'âge adulte une génération d'enfants nés vers 1680. Ils ont assisté à la catastrophe des dragonnades de 1685, ont été catéchisés de force et poussés à la messe, parfois au contraire soustraits à l'école pour échapper à la messe. Ils savent par cœur, sans avoir le droit de les chanter, les psaumes interdits, appris de leurs parents. Par cœur aussi, pour certains, des passages entiers de l'Écriture, lue en cachette dans les maisons ou entendue de prédicants de passage. Ils vivent avec culpabilité et angoisse l'état de N.C. qui est celui de leurs familles, obligées, sans y croire, à la messe, aux prônes, aux processions, à l'« idolâtrie ».

C'est cette génération du refoulement (englobant les enfants nés après 1685, baptisés à l'Église catholique) qui va faire l'expérience de l'« inspiration » (prophétisme).

Caché en Vivarais depuis la répression de 1689, le prophétisme déborde vers la région d'Uzès au début de l'année 1701, et de là, dans le vide creusé par l'élimination des prédicants, gagne rapidement Basses et Hautes-Cévennes d'un côté, Vaunage de l'autre.

Mêlée de larmes et de tremblements, « langage du corps », la parole interdite est dite par des femmes, des enfants, des petits artisans, des paysans, et trouve écho chez les N.C. des villages et hameaux, bouleversés par ce miracle de l'Esprit. Sous la conduite de ces nouveaux prédicants-prophètes, les assemblées reprennent. Les notables des villes, eux se tiennent à l'écart, méfiants devant cette explosion charismatique. Les autorités – civiles et ecclésiastiques – ne tardent pas à réagir en pourchassant les « fanatiques ». Tout est en place pour la pièce qui s'ouvre en 1702, et que Maximilien Misson, admirateur des prophètes des Cévennes, appellera le « théâtre sacré des Cévennes ».

Témoignage de Sarra Dalgone, de Vallon, proche d'Uzès, 23 novembre 1706

[...] *Dès le commencement de l'année 1701, et peut-être plus tôt, nous vîmes paraître dans nos Cévennes diverses personnes des deux sexes et de tout âge (particulièrement des enfants et de jeunes gens) qui tombèrent dans de certains accès, comme de convulsions extraordinaires, qui n'altéraient pourtant pas leur santé, non plus que leur esprit. Durant ces accès, ces personnes-là disaient mille belles choses, pour porter ceux qui les écoutaient à la vraie et solide piété, à une sérieuse réformation des mœurs, à l'horreur pour l'idolâtrie papistique et pour toutes sortes de superstitions. Ils prophétisaient aussi beaucoup de choses ; ils menaçaient terriblement les pécheurs endurcis ; et ils promettaient des bénédictions infinies à ceux qui abandonneraient leur mauvais train, pour vivre selon Dieu. Un de mes voisins avait une petite fille de huit à neuf ans, qu'il avait plu à Dieu de mettre dans cet état ; et je l'ai vue plusieurs fois pendant qu'elle avait ses inspirations [...]. Une fois, comme je la vis chancelante, je la mis sur mes genoux et tout son accès s'y passa. Elle ne respirait que par soupirs, sa poitrine était agitée et tout son corps était tremblotant. Quelques minutes après qu'elle eut été saisie de cette manière, elle parla, comme cela lui arrivait d'ordinaire. Je me souviens qu'elle dit, entre autres choses, que nous ne devions pas être surpris si Dieu nous affligeait et s'il exposait notre pays à tant de persécutions différentes de la part des hommes. Que c'était nos péchés qui nous avaient attiré tous ces châtiments, et que nous en avions mérité de beaucoup plus grands, mais que si nous amendions notre vie, Dieu nous délivrerait et nous bénirait.*

(Maximilien Misson, *Théâtre sacré des Cévennes*, 1707, p. 70-71)

LA GUERRE DES CAMISARDS EN SON TEMPS (1702-1710)

Tout en ayant fait beaucoup de bruit, la « guerre des camisards » a occupé peu d'espace et peu de temps continu. Cette guerre qui a opposé quelques milliers de protestants cévenols aux armées de Louis XIV est restée cantonnée aux Cévennes avec une partie du Bas-Languedoc, en dépit de tentatives d'extension en Vivarais et en Rouergue. Et elle s'est limitée à deux années d'opérations militaires, achevées par des redditions : de septembre 1702 à fin 1704. Cependant, la première troupe d'insurgés s'est formée en juillet 1702, avec pour acte inaugural le meurtre de l'abbé du Chayla. Quant au terme, il peut être placé bien plus tard, si l'on prend en compte les rebonds de la guerre, jusqu'en 1710. On note que la guerre des camisards est contemporaine de la guerre de Succession d'Espagne (1701-1713), où l'Angleterre, la Hollande, la plupart des États de l'Allemagne et la Savoie ont fait front commun contre Louis XIV et ses visées expansionnistes. Guerre civile et guerre étrangère n'ont pas été sans lien. Cependant la guerre des camisards a ses origines et sa dynamique propres.

Le meurtre de l'abbé du Chayla

Le 24 juillet 1702, dans la nuit, une soixantaine d'hommes armés de fusils, pistolets, sabres, faux ou bâtons, entrent dans Le Pont-de-Montvert au chant de psaumes et forcent la maison où était l'abbé du Chayla (ou Chaila), inspecteur des missions en Cévennes, bras droit de Bâville pour la chasse aux « fugitifs » et aux « fanatiques ». Ils réclament des prisonniers arrêtés alors qu'ils tentaient de quitter le pays. Ces derniers libérés, ils mettent le feu à la maison, condamnent l'abbé comme « persécuteur des enfants de Dieu », et le percent de coups. Ce meurtre sacrilège qui allait déclencher la répression fut considéré plus tard comme « le signal et le commencement de la guerre des Cévennes ».

En fait, depuis plus d'un an, la tension montait entre les N.C. solidaires des « inspirés » (prophètes), et les autorités civiles et ecclésiastiques, dans les Cévennes, la Vaunage, l'Uzège. Alors que les armées françaises connaissaient des revers et que la coalition alliée se faisait menaçante, à l'été 1701, la répression de Bâville était montée d'un cran contre les « fanatiques » signalés partout dans sa province, soupçonnés de susciter une cinquième colonne. De fait, les assemblées et autres « désordres » se multipliaient ; on stockait des armes en cachette. Logements de dragons et emprisonnements devaient terrifier les populations et arrêter l'« épidémie ». En juin 1701, à Vallérargues, près de Lussan, une bande de jeunes avait arraché un prophète arrêté par le curé et le juge, puis saccagé l'église. Le meneur, déclaré coupable de « sacrilège », avait été rompu vif, un de ses complices pendu et un troisième condamné aux galères perpétuelles.

L'excès de répression – ajouté à la pression des prêtres-éducateurs – poussa les inspirés à annoncer l'imminence de l'Apocalypse, la lutte finale. L'un de ces prophètes, Abraham Mazel, cardeur de laine de

Saint-Jean-du-Gard, évoque dans ses mémoires « la voix de ce grand nombre d'inspirés qui criaient dans les villes et à la campagne : *Amendez-vous, repentez-vous, n'allez plus à la Messe, renoncez à l'idolâtrie*, qui prédisaient la destruction de l'Empire du Diable, de la Bête et du Faux prophète, que de grandes calamités allaient tomber sur le pays, que les églises seraient brûlées et des lieux habités seraient rendus déserts, qu'il y aurait grande désolation, et que par le fer et par le feu on ferait de grands ravages ». Il décrit un tournant dans les premiers mois de 1702 : plusieurs inspirations l'avertirent de se préparer au combat armé contre les persécuteurs.

Une inspiration d'Abraham Mazel

Réfugié à Londres en 1708, Mazel dicta ses souvenirs, couvrant la période de 1701 à mars 1703.

[...] *Quelques mois avant de prendre les armes et que la moindre pensée m'en fût montée au cœur, je songeais que je voyais dans un jardin de grands bœufs noirs et fort gras qui mangeaient les choux du jardin. Une personne que je ne connaissais pas m'ayant commandé de*

chasser les bœufs noirs hors du jardin, je refusai de le faire, mais ayant redoublé ses instances et ses ordres, j'y obéis et chassai les bœufs hors du jardin. En suite de cela l'Esprit du Seigneur étant venu sur moi me saisit à l'ordinaire comme un puissant et fort homme auquel on ne peut résister et m'ayant ouvert la bouche me fit déclarer entre autres choses que le jardin que j'avais vu représentait l'Église, que les gros bœufs noirs étaient les prêtres qui la dévoraient et que j'étais appelé pour accomplir cette figure.
J'eus plusieurs inspirations par lesquelles il me fut dit de me préparer à prendre les armes pour combattre avec mes frères contre nos persécuteurs, que je porterais le fer et le feu contre les prêtres de l'Église romaine et que je brûlerais leurs autels.
(*Mémoires…*, p. 3-5)

Le 22 juillet 1702, après avoir fait une assemblée dans le secteur du Bougès, Mazel et quelques autres inspirés, dont Pierre Séguier, appelé Esprit, reçurent une inspiration « extraordinaire » : l'ordre de préparer une expédition armée pour délivrer des « frères » emprisonnés par l'abbé du Chayla. C'est deux jours plus tard qu'ils passent à l'action, et qu'est mis à mort l'abbé persécuteur. Sur ce, ils s'enfuient. En chemin, sur de nouvelles inspirations, ils tuent le curé de Frutgères, mettent le feu à sa maison, brisent et brûlent « images et objets d'idolâtrie » dans l'église, et renouvellent ce scénario à Saint-André-de-Lancize. Leur course s'arrête après l'attaque du château de la Devèze, cette fois pour se saisir d'armes, mais l'opération tourne au massacre de la famille, réputée avoir fait « beaucoup de mal aux protestants ».

Contre les « attroupés » meurtriers et sacrilèges, le comte de Broglie, commandant militaire de la province du Languedoc, accourt de Montpellier. Il confie au capitaine Poul, à la tête d'un corps d'élite, le soin de se saisir des rebelles en fuite. Poul réussit à mettre la main sur Esprit Séguier et deux de ses compagnons, au plan de Fontmort. Ceux-ci sont jugés et condamnés à mort. Séguier, le poing droit coupé, chante un psaume avant d'être brûlé vif (12 août 1702). Une vague d'arrestations et de jugements sommaires complète les mesures d'intimidation à l'usage des N.C. des Cévennes.

Presque au même moment (13 août 1702), à l'autre bout de la province, dans la plaine, le baron de Saint-Côme, nouveau converti « collaborateur », est assassiné à coups de pierres par une poignée de jeunes gens du Cailar et de Vauvert, parmi lesquels Abdias Maurel, appelé plus tard Catinat. Aussitôt Bâville veille à faire arrêter et rouer vif l'un des jeunes, pour l'exemple.

Cependant, dès la fin août, la jonction se fait entre les rebelles des Hautes-Cévennes – remobilisés par Gédéon Laporte, ancien soldat – et d'autres rassemblés du côté d'Uzès par Jean Cavalier, garçon boulanger du village de Ribaute (près d'Anduze), inspiré, de retour de Genève. Derrière les chefs improvisés, les groupes s'organisent et raflent des armes. L'insurrection prend des allures de guerre.

Les acteurs de la guerre

D'un côté, ceux que l'on désigne au début, péjorativement, « fanatiques » ou « osards » (les audacieux ?), ou de façon plus neutre « malcontents », ou, à partir de janvier 1703, sans connotation péjorative, « camisards ». À l'automne 1702, ils forment de petits groupes de 60 à 100 hommes, au plus 300 quand ils se rassemblent. À leur tête, plusieurs des meneurs de l'expédition du Pont-de-Montvert : Gédéon Laporte (tué dès octobre 1702), Abraham Mazel, Salomon Couderc, Nicolas Jouany. Et deux jeunes gens qui vont devenir les deux principaux chefs : Jean Cavalier, rejoint en octobre 1702 par Pierre Laporte, dit Rolland, de Mialet, inspiré lui aussi, qui s'emploie à recruter des hommes dans la Vaunage. Aux premiers mois de 1703, de nouveaux noms (noms de guerre souvent) se signalent : Castanet, Catinat et Ravanel, puis La Fleur, Claris, Bonbonnoux. Tous ces chefs sont jeunes (pour la plupart âgés de 20 à 25 ans). Comme leurs troupes, ils sont de familles de paysans ou artisans du textile des Cévennes, montagnes et vallées, ou de la plaine (« pays bas » ou Vaunage, et Uzège), quelques-uns ont servi dans l'armée.

Dès janvier 1703, les effectifs gonflent, les troupes se répartissent par secteur. Dans la plaine, la troupe de Cavalier passe de 200 à 700 hommes, avec l'appoint d'une cinquantaine de cavaliers menés par Catinat. C'est la troupe la plus organisée, Cavalier ayant sous ses ordres plusieurs « brigadiers » (tels Rastelet, Catinat, Ravanel, Bonbonnoux) et des distributeurs de vivres (tel Claris), presque tous prophètes ou prédicants, tenant régulièrement des assemblées. Dans les montagnes et les vallées, une dizaine de troupes opèrent isolément, ou à plusieurs : celle de Rolland dans les Basses-Cévennes, de 300 à 400 hommes, grossie de 50 à 100 hommes de Mazel ; celle de Jouany au nord du Bougès, de 300 à 400 hommes aussi ; celle de Castanet, plus modeste, dans l'Aigoual. En juillet 1704, après la soumission de Cavalier et les défections, Rolland, rassemblant les troupes restantes, disait pouvoir compter sur 1 200 hommes.

Les camisards en chiffres

Si l'effectif des troupes camisardes n'a dépassé le millier d'hommes qu'en de rares occasions, le total de ceux qui ont participé à un moment ou à un autre aux combats, entre 1702 et 1705, peut être estimé entre 7 500 et 10 000, soit 20 à 30 % des N.C. masculins de plus de 18 ans (dans le cadre des cinq diocèses des Cévennes et du Bas-Languedoc).

Pierre Rolland a pu constituer une base de données comportant plus de 1600 notices individuelles de camisards. 54 % d'entre eux ont moins de 25 ans au moment des faits, ce qui indique une implication massive de la jeunesse chez les N.C., surtout dans les diocèses d'Uzès et de Mende. Presque tous sont des ruraux ou semi-ruraux, habitants des hameaux ou petits bourgs ; les deux tiers sont artisans, surtout du textile (cardeurs, tisserands, peigneurs de laine), un tiers bergers ou travailleurs de la terre. Globalement, l'élite sociale des N.C. – dans les villes et les châteaux – est restée à l'écart du mouvement, quand elle ne s'est pas engagée du côté de la répression.

Dans cette base de données, on ne compte qu'une soixantaine de femmes. Cependant les femmes mêlées aux camisards ont été à coup sûr plus nombreuses, femmes, sœurs ou mères de camisards, souvent prophétesses, telles « la grande Marie », pendue en 1704, ou Marie « la Blondine », capturée en 1705. Certaines suivaient les troupes, maniant le sabre ou jetant des pierres à l'occasion. La plupart les aidaient en assurant le ravitaillement, en dépit des interdictions assorties des menaces les plus graves.

Parmi les camisards, beaucoup étaient « inspirés », ayant « le don » d'exhorter, d'annoncer les événements à venir, de deviner les traîtres. Et parmi eux, certains prêchaient devant la troupe et faisaient des assemblées. Sur les 19 chefs camisards de la liste dressée par Marion en 1710, 13 étaient inspirés. Une autre liste de Marion donne 63 hommes et au moins 17 femmes qui chez les camisards avaient reçu « le don » de la prédication. Ces prédicants-prophètes savaient-ils lire ? C'était le cas de Cavalier, de Castanet, de Jean Abric, de Jouany ; Rolland avait de la difficulté à écrire, de même que Mazel ; caché dans les bois à l'automne 1704, Claris avait emporté un *ABC* pour apprendre à lire, et Bonbonnoux n'apprendra à lire qu'en 1709 (à l'âge de 36 ans). Mais sur ce plan la quantification est impossible.

En face des camisards, agissant de concert, les représentants de l'autorité royale dans la province : l'intendant Bâville (en poste pendant toute la période), et le commandant militaire du Languedoc, successivement le comte de Broglie, le maréchal de Montrevel, le maréchal de Villars. Sous le commandant militaire, à l'automne 1702 : les « milices bourgeoises » (formées d'« anciens catholiques ») et 18 « compagnies franches » de fusiliers (infanterie) et de dragons (à cheval). En mars 1703 : 21 bataillons de fusiliers (dont les miquelets, fusiliers de montagne) et 3 régiments de dragons, soit quelque 20 000 soldats, sans compter l'appoint des milices bourgeoises. Jusqu'à l'été 1704 : de nouvelles compagnies de fusiliers et de miquelets arrivant en renfort.

À partir de février 1703, deux autres groupes d'acteurs entrent en jeu : les « puissances étrangères » en guerre contre la France – l'Angleterre surtout, au centre d'un réseau Genève-Londres-Amsterdam-Berlin – aux côtés des camisards par une activité de propagande et plus furtivement par un soutien militaire ; de l'autre côté, engagées dans une lutte anticamisards à outrance, des milices catholiques autonomes – « Florentins », « partisans », « Cadets de la Croix ».

Florentins, partisans et Cadets de la Croix

Il s'agit de groupes armés d'« anciens catholiques », exaspérés par les menées des camisards et l'inefficacité des troupes sous commandement militaire, décidés à en découdre avec les camisards et les « hérétiques » en général. Sans mandat officiel, mais bénéficiant du soutien actif du clergé, ils ont été d'abord utilisés par les autorités provinciales, avant d'être considérés comme gêneurs pour le maintien de l'ordre.

— Les premiers apparus, dès juillet 1702, ont été les « Florentins » (appelés aussi « camisards blancs »), originaires du village de Saint-Florent-sur-Auzonnet, et de villages de la vallée de la Cèze. Ils ont dû compter de 200 à 700 hommes, faisant des raids contre les paysans N.C., et se livrant à des massacres (octobre 1703). En mars 1704, Montrevel les place sous contrôle.

— En Vaunage, les « compagnies franches » de « partisans », comptant 200 à 300 hommes, organisées et soldées comme des troupes réglées, ont été utilisées par Montrevel et Villars dans la traque aux camisards et à leurs soutiens. L'un de leurs chefs les plus fameux fut un ancien officier devenu ermite, Gabriel La Fayolle, qui avait reçu l'appui de l'évêque Fléchier.

— Les « Cadets de la Croix » (appelés également « camisards blancs ») originaires de l'Uzège, mais opérant à partir de l'automne 1703 dans toute la plaine, ont été les plus incontrôlables : bandes de casseurs (au total 1 500 à 2 000 hommes) profitant des troubles pour se livrer à des pillages et des exécutions sommaires, sans même se limiter aux N.C. Quand le danger camisard se fit moins pressant (mai 1704), Bâville et Villars affichèrent une politique de répression sévère des brigandages des Cadets.

CHRONIQUE DE LA GUERRE (SEPTEMBRE 1702 – AVRIL 1704)

1702

— *Septembre.* Un premier engagement a lieu à Champdomergue, d'où la petite troupe de Gédéon Laporte, avec Cavalier, se sort à moindre mal, face aux soldats de Poul (11 septembre).

— *Octobre.* Alors que Cavalier est retourné vers Anduze, Gédéon Laporte trouve la mort au cours d'un combat au-dessus de Sainte-Croix (22 octobre). Poul fait exposer sa tête sur le pont d'Anduze, en guise d'avertissement aux insurgés et à leurs soutiens.

Lettre de Bâville à Chamillart, ministre de la Guerre (décembre 1702)

Il faut considérer que c'est une espèce de révolte qui n'a point d'exemple. [...] C'est maintenant tout le pays qui est révolté sans le paraître ouvertement. Il n'y a pas peut-être deux-cents de ces scélérats qui soient toujours ensemble, mais lorsqu'ils sont [sic] des détachements de quinze ou vingt d'entre eux en quelque endroit qu'ils aillent, ils y trouvent une quantité suffisante de jeunes gens qui se joignent à eux et qui exécutent ce qu'ils ont résolu, soit pour tuer des anciens catholiques, soit pour brûler des églises. Ces jeunes gens se retirent ensuite chez eux et ces bandits, demeurant en petit nombre, se cachent aisément à la faveur des bois et des montagnes et encore plus par les retraites qu'ils trouvent de toutes parts.

Le gros des N.C. qui souhaitent de voir rétablir leurs temples voit avec plaisir tous ces événements et quoique les plus raisonnables d'entre eux ne puissent approuver toutes les cruautés que les fanatiques commettent, ils les regardent comme des moyens qui peuvent conduire les affaires à leur fin [...] Rien n'a pu arrêter ni diminuer le mal, [pas même] la mort des chefs, tués avec plus de deux-cent cinquante de ces gens-là. [...] Ils ne pensent qu'à faire des représailles, ce qui marque un esprit de révolte venu à l'excès...

— *Novembre*. À Aigues-Vives, Cavalier et sa troupe tiennent par deux fois une grande assemblée sur la place publique (15 et 17 novembre). L'intendant en personne fait procéder à des arrestations, pendaisons, envoi aux galères, mais Cavalier, lui, est remonté vers les montagnes, attaquant le château de Mandajors.

— *Décembre*. Ensemble Cavalier et Rolland incendient une série d'églises et tuent prêtres et dénonciateurs (à Générargues, à Mialet...). Au mas de Cauvi, Cavalier avec 60 hommes met en déroute plus de 700 hommes de la milice bourgeoise d'Alès (24 décembre), et trois jours plus tard entre à Sauve avec Rolland.

Les états du Languedoc décident la levée de troupes de renfort. De son côté, la

Cour envoie un nouveau chef militaire, le brigadier Julien, avec des soldats aguerris.

Lettre adressée par les révoltés au comte de Broglie (15 décembre 1702)

Nous, généraux de l'assemblée des fidèles, avons bien voulu vous faire savoir ce que nous demandons : c'est nos précieuses libertés que nos pères ont achetées au prix de leur sang, et que nous sommes plutôt prêts à mourir que de renoncer à une si bienheureuse croyance qui nous a assuré Notre Seigneur Jésus-Christ en sa mort qu'il a souffert, lui juste, pour nous injustes à cause de nos péchés ; que rien n'a pu expier, que le sang d'un Dieu béni éternellement, qui est le Roi des Rois et le Seigneur des Seigneurs, qui nous a fait tant de bien à nous, pauvres pécheurs, de nous éclairer de la connaissance de la vérité de son saint Évangile.

Et après avoir joui un si long temps de cette connaissance, nous en avons été privés par les Édits du Roi notre sire, par lesquels Édits nous avons été privés de nous assembler publiquement pour rendre à Dieu le culte que nous devons lui rendre et vaquer en jeûnes et oraisons, nous retirant pour cet effet dans les déserts, par les montagnes et dans les trous de la terre [Héb. 11,38] ; mais les Messieurs de l'Église romaine n'ont rien oublié pour nous chercher afin de nous massacrer, mettant en avant toute leur cruauté et leur méchante malice, employant toutes ces machines du Diable, tuant sur le lieu, prenant prisonniers hommes, femmes et enfants, nous traînant sur les roues, échafauds, brûlant, exilant et envoyant en galères et en pays étrangers, n'ayant compassion ni des anciens ni des jeunes gens, tellement que nous y avons été tous perdus, tant nos corps que nos biens, mais encore notre pauvre âme, si ce grand Dieu tout-puissant n'eusse pas eu compassion de nous, jeunes plantes qui ne savions ce que c'était de religion.

Mais ce Père de miséricorde, ayant vu la lâcheté de nos pères, a répandu de son Esprit sur ses serviteurs et sur ses servantes, comme il nous avait promis par la bouche de son prophète Joël, afin de nous apprendre à retourner dans le sein de son Église que nous avons abandon-

née par la crainte des hommes, tellement que ce divin Esprit ayant rallumé derechef notre zèle, nous oblige non seulement à combattre pour sa querelle, mais encore à l'exemple de ses apôtres offrir nos corps, nos biens en sacrifice, pour soutenir la vérité de son saint Évangile.

C'est pourquoi, Messieurs, ainsi que nos pères qui étaient de véritables sujets du roi, nous le sommes, ainsi que nos corps et nos biens et même notre pauvre vie dépendant de lui et nous sommes tous prêts pour son service de répandre notre sang par terre [afin] de lui maintenir ses États.

Messieurs, nous finissons en vous souhaitant la paix de Dieu qui demeure envers tous ceux qui le craignent et qui procure la paix, vous demandant ce titre glorieux. Amen.

Si vous voulez nous faire réponse, nous vous éclaircirons plus avant.

Signé : Jean La Pierre Rollante La Rivière de Gardon

Du 15 décembre 1702

1703

— *Janvier*. La frayeur monte dans le pays. Les dizaines d'incendies d'églises et meurtres d'ecclésiastiques affolent les curés, qui se réfugient à Alès et à Nîmes. À Belvézet, une expédition punitive contre des catholiques tourne au massacre, après l'incendie du village (5 janvier).

Sachant une troupe de camisards, avec Catinat et Ravanel, près de Nîmes, le comte de Broglie leur court sus, avec trois détachements de dragons, mais est défait au mas de Gaffarel, et le capitaine Poul tué (12 janvier).

À ce moment, à Paris, à Versailles, à l'étranger, le soulèvement des Cévennes devient sujet de nouvelles dans les gazettes, suscitant selon les cas inquiétude ou curiosité.

— *Février.* Cavalier fait le projet d'une jonction avec les protestants du Vivarais, mais les camisards poursuivis par Julien sont sévèrement battus à Vagnas (10 février).

Jouany massacre la garnison de Génolhac (2 février), est chassé par Julien ; Julien reparti, Jouany reprend Génolhac, et de là attaque les catholiques de Chamborigaud (17 février). Les « anciens catholiques » du secteur commencent alors à s'organiser en patrouilles autonomes pour mener des opérations de représailles sur les N.C.

Après avoir occupé Vébron, Castanet et une petite troupe de camisards mènent une expédition punitive contre le village catholique de Fraissinet-de-Fourques et sa milice : une quarantaine d'habitants, en majorité des femmes et des enfants, sont massacrés (21 février).

Pour en finir, la Cour frappe deux grands coups. Le 14 février, elle envoie en Languedoc le maréchal de Montrevel pour remplacer de Broglie, avec 3 000 « miquelets », soldats montagnards des Pyrénées. Le 25 février, une ordonnance royale donne tous pouvoirs à Bâville et Montrevel pour réprimer les rebelles : peine de mort sans forme de procès pour tous ceux qui seront pris les armes à la main ou parmi les « attroupés », leurs maisons rasées et leurs biens confisqués ; défense aux parents des fanatiques de leur donner retraite, vivres et provisions ni autre assistance, toute désobéissance valant complicité de rébellion ; défense de quitter son domicile sans certificat ; défense aux étrangers d'entrer dans la province.

Description des Cévennes
(13 février 1703)

— Les Cévennes sont un pays de montagnes, qui a environ 13 lieues de longueur et autant de largeur. Il y en a trois fort hautes du côté du septentrion, l'Espérou, Lozère et l'Aigoual, d'où sortent quantité de petites rivières qui se débordent de temps en temps, à cause des pluies qui sont fréquentes dans ce pays-là. […]

— Le pays des Cévennes est fertile en châtaignes, en vins et en huile, mais il manque un peu de blé. Ils conservent leurs châtaignes toute l'année et c'est un pain tout apprêté qui, comme la manne dont Dieu nourrit les Israélites pendant quarante ans au désert, suffit à la nourriture de l'homme. […]

— Les montagnes de ce pays-là sont proches l'une de l'autre, mais séparées par une grande quantité de petites rivières qui arrosent les Cévennes, et les entre-deux de ces montagnes sont pour la plupart si étroits que dix hommes n'y pourraient passer de front. On ne saurait y ranger une armée de mille hommes en

bataille, n'étant pas possible d'y observer de la distance pour les bataillons. [...]

— Les gens des Cévennes sont les meilleurs soldats de France, ils savent très bien tirer du mousquet et du fusil. Ils vont au feu sans crainte, ils sont adroits de leur épée et combattent en lions. [...]

La médaille des camisards

Dès février 1703, des informations circulent selon lesquelles les chefs des camisards se serviraient comme insigne de reconnaissance d'une médaille portant des sigles injurieux envers la religion romaine : C.R.S. = *Christianos Romanos Sacrificate* (Chrétiens, sacrifiez les catholiques romains). Une feuille publiée à Berlin en mars 1703 admet l'existence de cette médaille, dont elle reproduit le modèle, mais propose d'autres lectures des inscriptions : Contre Rome Sanguinaire ou *Christus Rex Solus*. Maximilien Misson en 1707 a démontré la fable : la prétendue médaille des camisards n'est autre qu'une pièce de monnaie de Suède, sans signification antiromaine, et est inconnue dans les Cévennes (« jamais les chefs des camisards n'ont porté aucune marque de distinction »).

— *Février-Mars.* En Angleterre, en Hollande, en Brandebourg, des huguenots réfugiés – le marquis de Miremont en particulier – tentent d'intéresser les Alliés en guerre contre Louis XIV à la guerre des Cévennes. Les manifestes qu'ils publient, appelant au secours des Cévenols en élargissant leur cause (droit naturel de légitime défense, défense de la liberté contre l'oppression), inquiètent Montrevel qui fait surveiller les ponts du Rhône et le littoral.

— *Mars-Mai.* En mars, les troupes réunies de Rolland et Cavalier, menées par Rolland, essuient une cuisante défaite à Pompignan (6 mars). Les nouveaux convertis de Mialet et de Saumane, soupçonnés d'aider les camisards, sont déportés à Perpignan (27-29 mars ; en avril, ceux de Lézan subissent le même sort).

Manifeste des habitants des Cévennes sur leur prise d'armes (15 mars 1703)

[...] Ce n'est point ici une révolte, ni une rébellion des sujets contre leur souverain.

Nous avons toujours été soumis et fidèles au nôtre, et on a vu pendant tous les traitemens qu'on nous a faits une obéissance si profonde, qu'elle a été en admiration à toute la terre. Mais c'est un droit de la nature, qui nous oblige en conscience de nous armer, pour repousser la force par la force, autrement nous serions complices et auteurs de nos malheurs, traîtres à nous-mêmes et à notre patrie. […]

Pour nous, nous persévérerons jusqu'à répandre la dernière goutte de notre sang, à défendre notre vie, notre liberté et notre conscience, et à servir tous nos voisins, qui auroient besoin de notre secours dans le même dessein. Nous avons été vingt ans dans une léthargie et dans un assoupissement à tout souffrir. Mais puisque Dieu, dont les voies ne sont point nos voies, nous réveille extraordinairement, et que cette conduite de la Providence nous oblige à exécuter les projets qu'elle nous fournit, nous espérons qu'elle conduira toutes choses pour notre repos et pour notre consolation. Nous voyons tous les préparatifs de guerre qu'on fait contre nous, et que le Maréchal de Montrevel nous menace d'un grand nombre de troupes réglées pour nous détruire. Mais nous nous confions en Dieu, qui est plus puissant que lui, et que celui qui l'a envoyé. Notre résolution et notre intrépidité ont jusqu'à présent déconcerté nos ennemis. Nous ne serons point épouvantés de leur grand nombre. Nous les poursuivrons par tout, sans pourtant faire de mal à ceux qui ne nous en veulent point. Mais nous ferons de justes représailles contre nos persécuteurs en vertu de la loi du Talion, ordonnée par la Parole de Dieu, et pratiquée par toutes les nations du monde. Si les moyens que Dieu nous fournit paraissent faibles, nous avons cent exemples de tyrans qui ont été renversés par de plus petits commencements.

[…] *Nous ne mettrons jamais bas les armes, que nous ne puissions professer publiquement notre religion et faire revivre les Édits et les Déclarations qui en autorisaient le libre exercice, que tous les peuples en général, qui sont accablés par des impositions cruelles et tyranniques, ne soient entièrement soulagés, et que la justice et la bonne foi ne soient rétablies dans tout le Royaume.* […]

Le 1er avril, une assemblée est dénoncée au moulin de l'Agau à Nîmes, une vingtaine de femmes et d'enfants qui y participaient sont massacrés.

Cavalier décide de représailles et court le pays avec 600 hommes, convoquant des assemblées et brûlant des églises. Attaquée par surprise, sa troupe est défaite à la tour de Billot, près d'Alès (30 avril), et à nouveau à Bruyés (17 mai). Jusqu'à l'automne, entre autres pour faire les moissons, les camisards évitent les combats.

— *Juin-Juillet.* Toujours poussés par Miremont, les Alliés font espérer des secours aux camisards, avec un projet d'invasion de la France par la mer. Un de leurs émissaires, David Flottard, réfugié du Vigan, rencontre Rolland et Cavalier à cet effet.

— *Septembre-Décembre.* La menace d'une jonction des camisards avec les armées étrangères est prise au sérieux. En réalité, les deux frégates de la flotte anglaise et hollandaise envoyées en septembre du côté de Sète ne réussissent pas à aborder. Le harcèlement camisard continue, Rolland et Cavalier mettant hors de combat deux compagnies du côté de Durfort (1er septembre).

À la mi-septembre, la décision de Bâville de « dépeupler » les Hautes-Cévennes, base arrière des camisards, est approuvée par le roi. Sont visées 31 paroisses du diocèse de Mende, soit 669 villages et 608 hameaux, comptant au total 13 212 habitants (tous N.C.). Tous les habitants concernés devaient, sous trois jours, rassembler leurs bestiaux et meubles et se rendre dans un certain nombre de bourgades surveillées. Fin septembre 1703, les troupes royales commandées par Julien détruisent méthodiquement toits et murs, mais face aux difficultés et aux lenteurs de la tâche, le 14 octobre, elles sont autorisées à brûler les maisons.

Accompagné de pillages et de cruautés des Florentins, le « brûlement » des villages et hameaux des Hautes-Cévennes est achevé en décembre. Il déclenche en octobre des actions de représailles de Rolland et Jouany dans le village catholique de Sainte-Cécile d'Andorge, représailles elles-mêmes suivies de nouvelles représailles des Florentins sur les protestants de Branoux, à l'appel du curé de Sainte-Cécile.

Les camisards essayent surtout des opérations de diversion. En septembre, des tentatives de soulèvement du Rouergue avortent – venant de Catinat et du marquis de Guiscard, sans coordination. Avec plus de succès, de septembre à décembre, Cavalier freine la dévastation des Hautes-Cévennes, en courant la plaine. À Saturargues et Saint-Sériès, villages « papistes », il tue et brûle au chant des psaumes (20 septembre). À Sommières, il attaque (2 octobre), en Camargue il fait brûler les fermes, et aux portes de Nîmes des églises. À Nages, à Vergèze, à Tornac, il tient de grandes assemblées, et se bat, avec le renfort des expulsés des villages brûlés.

1704

— *Janvier*. Ayant reçu mission d'« éplucher » les paroisses de la Vallée Borgne et du pays de Valleraugue, le brigadier Planque procède à des rafles et des exécutions sommaires et laisse quartier libre aux soldats pour piller et tuer. Les Cadets de la Croix en profitent et se déchaînent.

Pendant ce temps, Rolland attaque une centaine de fusiliers au Pont-de-Vallongue et se saisit d'armes et de munitions (18 janvier). Dans le plat pays, Cavalier multiplie les attaques, s'empare des armes, des munitions, de l'or laissés par les fuyards et les morts, intercepte les convois de fourrage, de farine, de haricots, fait tuer les « collabos » et incendier leurs fermes.

— *Février.* Le Vivarais tente de se soulever à nouveau, déclenchant une très dure répression. En Camargue, Catinat sème la terreur avec sa troupe de 80 camisards montés à deux sur des chevaux, filant jusqu'à Beaucaire, avant de rejoindre Cavalier.

— *Mars.* Poursuivi depuis Saint-Chaptes par un bataillon de 400 soldats de la marine (les meilleurs, disait-on) et 60 dragons, Cavalier livre combat à Martignargues (non loin de Vézenobre) : les camisards remportent là une victoire qui fait grand bruit et leur assure « un gros butin d'armes comme fusils, baïonnettes, munitions de guerre, habits et quantité d'argent » (14 mars). À la Cour, décision est prise de renvoyer le maréchal de Montrevel, et de le remplacer par le meilleur chef militaire du moment, le maréchal de Villars.

— *Avril.* Dans les paroisses de Branoux et Saint-Paul-la-Coste, dont les habitants N.C., suspects d'aide aux rebelles, refusaient de déguerpir, les troupes royales avec les milices catholiques brûlent hameaux et mas et égorgent près de 150 paysans.

Avant son départ, Montrevel s'assure un coup d'éclat : faisant converger 3 000 soldats de Nîmes, Lunel et Sommières, il réussit à encercler et battre à Nages Cavalier avec un millier d'hommes (16 avril). Les restes de la troupe camisarde remontent vers le nord pour se réfugier dans les bois d'Euzet. Ils y sont poursuivis par les miquelets. Pire, la caverne où étaient stockés vivres, munitions et pharmacie des troupes de Cavalier est découverte et prise (19 avril). Pour Cavalier, la perte est irréparable, venant après la défaite. Quand Villars arrive, le 21 avril, bien décidé à changer de méthode pour en finir avec les rebelles (y compris avec les camisards blancs), Cavalier paraît mûr pour négocier l'armistice. Dès le 30 avril, il écrit au maréchal de Villars, demandant la liberté de conscience et la libération des prisonniers et galériens.

Lettre de Cavalier au maréchal de Villars (30 avril 1704)

Du Désert, ce dernier avril 1704
Monseigneur,
Ayant appris que vous n'étiez pas informé de notre demande, quoique plusieurs fois nous en avons donné avis à la

Cour, mais nous craignons que ces avis ont été cachés à Sa Majesté et à votre Grandeur, j'ai voulu mettre derechef la main à la plume pour vous supplier d'accepter cette demande, pour le bien et la prospérité du Royaume, qui est la liberté de notre conscience et la délivrance des prisonniers et de tant de galériens qui souffrent injustement pour avoir voulu soutenir la Vérité.

Aussi nous sommes massacrés pour prier Dieu, comme si c'était une chose mauvaise de servir Dieu selon la pureté de son Évangile, ou comme si nous eussions voulu contredire à l'État, mais au contraire nous avons exécuté toutes les commissions que de fidèles sujets puissent faire. Après cela nous avons toujours imploré sa bonté, mais les ministres de l'Église romaine ont toujours imploré sa colère à l'encontre de nous afin de détruire la vérité, quoique souvent nous avons supplié Sa Majesté ou ses sujets, de nous laisser sortir du Royaume ou de nous laisser assembler dans le désert, mais on ne nous l'a jamais voulu accorder, bien au contraire. On a pillé nos biens, démoli nos maisons, on nous a exposés aux souffrances les plus cruelles du monde et, voyant cela, nous nous sommes assemblés, non point pour résister à Sa Majesté, mais pour nous défendre contre ceux qui ont voulu nous empêcher de prier Dieu.

Sa Majesté nous permettra de dire que, si on ne nous accorde cette demande, nous souffrirons plutôt toutes les souffrances qu'il plaira à Sa Majesté de verser sur nous plutôt que d'abandonner notre foi. Et, si Sa Majesté nous permet cette liberté, nous promettons de vaquer à son service, car ce n'est pas que nous ayons pris les armes pour acquérir un royaume ou quelques richesses, mais c'est notre conscience et notre propre salut qui nous y a portés à faire cette défense contre ceux qui nous ont voulu détourner de la vérité. Il est vrai qu'on a fait entendre à notre Roy que nous étions des rebelles et des meurtriers, mais plusieurs mauvaises choses ont été faites disant que c'étaient les rebelles qui faisaient ce désordre, qu'il était commandé par Cavalier.

[...] Je prie la Grandeur de votre personne de vouloir jeter les yeux sur la désolation du pays et donner vos ordres

pour le repos du monde et la prospérité du royaume, car tout royaume divisé ne peut subsister, ainsi le royaume ne peut subsister si la paix n'y est, et suis d'un grand attachement. Monseigneur, votre très affectionné serviteur.
J. Cavalier
Je vous prie d'avoir la bonté de me donner votre parole.

Chronique de la reddition (mai-décembre 1704)

— *Mai.* Villars fait engager les pourparlers de paix par Lalande, lieutenant général commandant à Alès. Une entrevue entre Lalande et Cavalier a lieu le 12 mai, au pont d'Avêne près d'Alès. Face à l'officier du roi, Cavalier rabat nettement de ses exigences : il signe une lettre demandant pardon et amnistie, puis la permission de sortir du royaume avec quatre cents hommes et la libération des prisonniers. Le lendemain, un autre intermédiaire intervient, le baron d'Aigaliers, nouveau converti zélé pour la paix, qui obtient de Cavalier une lettre de demande de grâce sans condition. En attendant la réponse officielle, les armes se taisent.

Le 16 mai, Cavalier est reçu à Nîmes comme un chef de guerre par le maréchal de Villars en personne. Piégé par cet honneur, il réitère humblement sa demande de sortir du royaume et signe une requête au roi demandant l'amnistie générale. En attendant la réponse de la Cour, Cavalier peut se retirer avec sa troupe à Calvisson. Pendant dix jours (20-29 mai), Calvisson est le théâtre de grandes assemblées publiques, des prêches multipliés, laissant libre cours aux inspirations et aux chants de psaumes, de jour et de nuit, sans que les soldats royaux ne bronchent : aux camisards se sont joints, en foule, les N.C. des villages voisins, persuadés que le roi va accorder à tous ses sujets la liberté de conscience, sinon de culte.

Cavalier s'avise alors d'informer Rolland de cette nouvelle situation. Or, Rolland n'était nullement dans l'état d'esprit de Cavalier : dans les Hautes-Cévennes, au plan de Fontmort, il venait d'infliger des pertes sérieuses aux ennemis (13 mai). La rencontre des chefs, le 24 mai à Thoiras (près d'Anduze), est orageuse. Rolland refuse de traiter aux conditions de Cavalier et fait adresser une missive à Villars, réclamant en échange du désarmement des camisards le rétablissement de l'édit de Nantes. Le 27 mai, l'amnistie royale est accordée, avec permission pour Cavalier et ses hommes de quitter le royaume.

Entrée de Cavalier dans Nîmes (16 mai 1704) racontée par le notaire Borrelly, ancien catholique

Le vendredi 16 mai environ l'heure de 4 après midi 1704, le nommé Cavalier du lieu de Ribaute, boulanger de son métier, et auparavant goujat gardant les troupeaux, agé d'environ 22 ans […], vint en cette ville. Tout le monde en a été extrêmement étonné, étant le chef de toutes les troupes fanatiques, souverain comme un roi dans icelles, lui qui a tué, fait tuer, massacré et égorgé une infinité d'anciens catholiques et quantité de prêtres, lui qui a fait brûler quantité des églises et maisons, dans les Cévennes et dans tout ce pays et presque toutes les métairies de ce terroir de Grezan, plan de Beaucaire et en tant divers endroits, et étant donc arrivé danc cette ville il se rendit au jardin dit du couvent des Pères Recollets, passant par la porte du jardin, lad. porte regarde le

fossé de la ville, où il trouva Monseigneur le Maréchal de Villars, avec Mr de Lalande lieutenant général, ayant eu une longue conférence, qu'on ne sait encore ce qui fut résolu et arrêté. [...]
Il y avait hors la ville plus de 6 000 âmes pour voir ce malheureux, et il s'en alla après la conférence joindre sa troupe à St Cezary où elle resta en l'attendant.
Tout le monde croit qu'il s'est soumis pourvu qu'on lui donne la vie, de se rendre et de servir Sa Majesté et de faire poser les armes à tous les autres chefs et troupes fanatiques. C'était une guerre très fâcheuse parce que tout le pays était pour ces gens là, parce que près tout ce pays sont de N.C. mal intentionnés pour notre grand Roi que Dieu bénisse et conserve.
De cette ville jusques à St Cézary, tout le chemin était bordé de monde pour voir par curiosité ce maudit, qui a fait tant de bruit et de malheurs, qu'il n'a pas tenu à lui que tout le pays ne se soit soulevé. Monseigneur le Maréchal a envoyé au roi un courrier pour l'informer de la conférence et de l'obéissance que témoigne ledit Cavalier pour sa Majesté.

Et c'est visiblement un ouvrage de Dieu que cette maudite canaille de fanatiques et rebelles se soit rendue et ça été seulement depuis cinq à six jours que le bruit a couru de cette paix...

Chez les camisards encore à Calvisson, la nouvelle des conditions de l'amnistie acceptées par Cavalier provoque la colère (28 mai). D'autant que venait de parvenir à Rolland un message des Alliés, inquiets de la reddition de Cavalier, annonçant à nouveau l'envoi de secours aux Cévenols.

— *Juin.* Ni les députations suppliantes de N.C. des villes de Saint-Hippolyte, Saint-Jean, Anduze, Alès, ni les menaces de nouvelles rigueurs venant de Villars ne font fléchir Rolland et Ravanel. Le 8 juin, Villars suspend la trêve.

Le 23 juin, Cavalier quitte la province, avec une centaine d'hommes, fidèles de sa troupe et prisonniers libérés, se dirigeant vers Neuf-Brisach selon l'ordre reçu (le 26 août, Cavalier leur fera tourner bride vers la Suisse et les armées alliées).

Le débarquement tant attendu des Alliés dans le golfe du Lion échoue : montée par le marquis de Guiscard, l'expédition des « tartanes » tourne au fiasco, victime de la tempête et de la légèreté du marquis.

— *Juillet.* Ignorant encore cet échec, Rolland rencontre Tobie Rocayrol, agent secret des Alliés, qui l'encourage à la résistance armée, avec consigne de cesser les violences anticatholiques (16-19 juillet). Le baron d'Aigaliers se déplace à Durfort pour rencontrer Rolland, mais échoue à le convaincre d'accepter l'amnistie et la permission d'émigrer (29-30 juillet).

— *Août.* Villars et Bâville font déplacer les populations des lieux suspects dans les diocèses d'Uzès et d'Alès. Rolland est abattu sur dénonciation, au château de Castelnau-Valence (13 août). Sa mort accélère la démoralisation des troupes subsistantes.

— *Septembre.* La troupe amaigrie menée par Ravanel, pressée par les dragons, se débande dans les bois de Saint-Bénézet (14 septembre).

— *Octobre.* Les chefs camisards des Hautes-Cévennes se rendent l'un après l'autre : Castanet (11 septembre), puis Jouany et Salomon Couderc (1er octobre), puis La Rose et Marion, ce dernier également au nom de Mazel malade (8 octobre). La plupart obtiennent de quitter la France et se rendent en Suisse. Mais ces redditions individuelles ne permettent pas aux camisards d'être en position de force pour négocier.

— *Décembre*. Les chefs camisards étant presque tous morts ou neutralisés, la guerre des camisards semble bel et bien terminée. Le maréchal de Villars peut quitter son poste, mission accomplie : dorénavant, dit-il, les « dernières racines de la révolte » ayant été coupées, « la province est la plus tranquille du royaume ». Cependant, jusqu'en 1710 des tentatives de reprise de l'insurrection le démentent.

Les rebonds camisards (1705-1710)

Au début de l'année 1705, il ne reste dans les Cévennes que deux chefs camisards qui ne se sont pas rendus : Ravanel et Claris. Mais d'autres qui s'étaient rendus sont encore ou à nouveau dans les parages. Mazel continue des assemblées, mais est arrêté fin janvier. Dès la fin de 1704, Catinat repasse de Suisse dans le Midi, puis La Valette, Marion, Castanet. Pourchassés comme séditieux, quelques poignées de camisards restent « fugitifs ».

Ils sont tenus à l'errance et à l'inactivité par la traque incessante des soldats royaux. Les ordonnances réitérées, menaçant de faire arrêter les N.C. qui aideraient les rebelles, et de piller et brûler leurs maisons, privent les camisards du soutien de la population.

Au long des deux années 1705 et 1706, l'un après l'autre, les camisards rentrés dans les Cévennes se font arrêter et exécuter. Ainsi Jean Jalaguier, pendu à Uzès (février 1705), Castanet, rompu vif à Montpellier (mars 1705). Plusieurs sont impliqués dans le complot de la « ligue des Enfants de Dieu », en avril 1705. Le plan monté depuis Genève par Vilas, fils d'un médecin de Saint-Hippolyte, avec Ravanel et Catinat, en lien avec des N.C. de Nîmes et de Montpellier, consistait à capturer Bâville et le duc de Berwick, le remplaçant de Villars, puis à s'emparer du port de Sète et soulever la province : crimes de lèse-majesté, même sans commencement d'exécution. Parmi la centaine de personnes arrêtées, trente sont condamnées à mort, dont Vilas, roué vif, Ravanel et Catinat, brûlés (avril 1705). Un an plus tard, c'est au tour de Salomon Couderc, brûlé vif (mars), de Fidel Abric, abattu (mai), du prophète Moïse Nicolas et de Jacques Couderc dit La Fleurette, roués vifs à Montpellier (l'un en juin, l'autre en décembre 1706).

Au Refuge, les anciens camisards tentent de servir encore la cause camisarde, mais connaissent des déboires.

Mémoires de Bonbonnoux

Jacques Bonbonnoux, un des brigadiers de Cavalier qui avait continué le combat jusqu'en 1710, rejoignit Antoine Court en 1715. Dès lors, tout en rompant avec son passé camisard, il reprit une existence de prédicant clandestin jusqu'en 1729. Réfugié à Genève, il rédige ses mémoires en 1730, à la demande de Court. Il décrit ici sa vie de prédicant entre 1705 et 1710.

Les bois et les cavernes furent longtemps nos retraites ordinaires. Les antres des rochers nous étaient fort favorables mais pour nous y conserver nous usions de ménagements et de prudence. La nuit était le seul temps que nous y entrions, et lorsque nous les abandonnions, nous avions soin d'en boucher les ouvertures, afin que les bergers ni autres personnes n'y pussent apercevoir nos traces ; c'est ainsi que nous en usâmes à l'égard d'un de ces antres, qui nous prêta favorablement ses entrailles pendant l'espace de plus de trois semaines, et dans lequel nous avions rassemblé des branches de buis et de l'épi qui nous servait en place de coîte (couette). Il était étroit par le haut et large par en bas, et par là beaucoup plus facile et de nous y loger et d'en fermer l'ouverture. Nous y faisions du feu, mais comme la fumée noircissait les pierres qui en couvraient l'ouverture, j'avais soin d'en substituer d'autres à la place et de jeter celles-ci ensuite dans les antres voisins et les plus profonds.

Lors que nous avions fait quelques séjours dans un lieu, il nous le fallait changer pour un autre, soit parce que nous craignions d'être découverts, soit parce que nous manquions de vivres. [...] Notre disette était grande et nous n'avions pas besoin de médecin pour nous ordonner la diète. La terreur avait tellement établi son empire sur l'esprit de ceux qui pouvaient nous accorder leurs secours qu'ils n'osaient pas même nous ouvrir la porte de leurs maisons pour nous remettre leurs petites libéralités et plus d'une fois, ils nous les ont remises précipitamment par la chatière ou par d'autres ouvertures... Aussi nous mangions le pain, sinon par le poids, au moins par mesure, et pour apaiser notre soif, nous avions notre ressource à des creux de rochers qui assemblaient de l'eau pendant les pluies. [...] (Mémoires, p. 59-61)

Dès 1706, Cavalier, au service des Alliés, commande un régiment composé en partie de camisards et de réfugiés, destiné à pénétrer en Languedoc par la Catalogne. En avril 1707, à la bataille d'Almenza, en Espagne, son régiment est anéanti et lui-même est grièvement blessé. Réfugié en Angleterre, il prend ses distances avec les autres camisards réfugiés à Londres.

À Londres en effet, les « French Prophets » défrayent la chronique depuis l'automne 1706. Il s'agit d'Élie Marion, Jean Cavalier de Sauve (homonyme du grand chef), Jean Allut, Durand Fage. Attaquant le « vieux monde » et les pasteurs, huguenots comme anglicans, leurs prophéties millénaristes attirent des foules tumultueuses et divisent le milieu des réfugiés et la société anglaise, certains enthousiastes, la plupart hostiles. Pour justifier leurs inspirations, un de leurs fervents soutiens, Maximilien Misson, publie en 1707 un recueil de témoignages de réfugiés, anciens camisards ou favorables aux camisards, sous le titre *Le Théâtre sacré des Cévennes.* Dans le même temps, Marion publie de fulgurants *Avertissements prophétiques* et rédige ses mémoires sur la guerre des camisards.

Mazel, lui, emprisonné à la tour de Constance, réussit à s'en échapper en juillet 1705, avec seize de ses compagnons de captivité. Rejoignant Marion, il gagne Genève et passe brièvement à Lausanne puis à Londres. Rentré en France en avril 1709, il prépare un soulèvement du Vivarais avec l'appui de Londres. Un manifeste signé de lui devait rallier tous les « mécontents » contre les « Messieurs du Clergé » malfaisants et les impôts nouveaux, réclamant le rétablissement de l'édit de Nantes, la libération des prisonniers, galériens et exilés. Mazel rassemble une centaine d'« attroupés » qui font le coup de feu. L'insurrection est écrasée en juillet 1709 à Leyrisse. À l'été suivant, Mazel – qui a retrouvé Claris – rêve d'un nouveau soulèvement en Cévennes et Bas-Languedoc, rêve entretenu par les Alliés. En juillet 1710, en effet, les Anglais débarquent enfin à Sète, mais devant l'arrivée des troupes du duc de Noailles, ils doivent rembarquer en hâte. Les Cévennes n'ont rien vu venir, mais Mazel – avec Claris et Corteiz – rêve encore. Dénoncé, il est abattu près d'Uzès, et Claris, arrêté, est rompu vif (octobre 1710).

Avec Abraham Mazel disparaît, presque le dernier, le premier des camisards. Les très rares chefs camisards survivants dans les Cévennes – dont Jouany – sont exécutés en 1711. Élie Marion, lui, parcourt encore l'Europe, lançant avec Jean Allut un « cri d'alarme en avertissement aux nations, qu'ils sortent de Babylone des ténèbres pour entrer dans le repos du Christ », avant de mourir à Livourne en 1713. L'épuisante guerre de Succession d'Espagne était tout juste finie, avec le traité d'Utrecht. Sur l'intervention de la reine Anne d'Angleterre, 136 galériens « pour fait de religion » sont libérés (juin 1713) avec l'obligation de quitter le royaume. Mais de rétablissement de l'édit de Nantes, il n'est pas question.

Lettre du baron de Salgas

François Pelet, baron de Salgas (1646-1717) est l'un des rares nobles N.C. à avoir été condamné pour complicité avec les camisards (sa femme, elle, s'était réfugiée à Genève dès 1685). Ayant participé à l'assemblée tenue à Vébron par Castanet, en février 1703, il est arrêté trois mois plus tard et condamné aux galères, où il restera jusqu'en 1716.

4 août 1704

Loué soit Dieu, ma bien chère femme, qui n'a pas mis ma prière en arrière et qui veut bien me favoriser d'un moment pour vous donner de mes nouvelles, après avoir couru les mers durant treize mois, et la nuit et le jour, enserré dans de doubles chaînes, mangé par la vermine, sans jamais me déshabiller et couché la moitié du corps dans l'eau... Je ne doute pas, ma très chère femme, que mon innocence opprimée ne vous ait beaucoup affligée, n'y ayant jamais eu de chrétien plus injustement persécuté que moi. Mais enfin, ma chère femme, il faut vous consoler, parce que c'est Dieu qui me châtie, parce que je l'ai offensé par les considérations humaines, et c'est par là justement qu'il m'a abattu tout d'un coup et qu'il m'a fait voir que lorsque je croyais être quelque chose, je n'étais rien. S'il m'a affligé, il m'a accordé de grandes consolations, m'ayant accordé la patience, qui est un grand don dans l'état déplorable où je suis...

Le sort des camisards

Sur les 19 chefs camisards de la liste (incomplète) dressée par Marion en 1710-1714, 13 ont connu une mort violente, 5 ont pu vivre réfugiés en Suisse ou en Angleterre (dont Jean Cavalier et Marion lui-même) et 1 (Jacques Savin, dit Le Cadet La Forêt) a été enrôlé dans l'armée.

D'après les estimations de Pierre Rolland, sur l'ensemble des 7 500 à 10 000 camisards, en trois ans,

— au moins 200 ont été exécutés après jugement (pendus, roués ou brûlés),

— au moins 2 000 sont morts au combat et 1 000 ont été exécutés sommairement,

— environ 200 ont été envoyés aux galères,

— au moins 2 000 ont été emprisonnés ou envoyés à l'armée,
— entre avril et décembre 1704, 1 000 (ou 1 200 ?) se sont rendus aux autorités, et pour beaucoup ont été envoyés en Suisse,
— entre septembre 1702 et décembre 1704, de 1 000 à 3 500 ont disparu dans la nature.

Dorénavant, les protestants français sont seuls, privés du levier de l'intervention des puissances protestantes. Libéré de la guerre étrangère, Louis XIV, quelques mois avant sa mort, verrouille l'interdiction de la religion réformée dans le royaume : en mars 1715, une nouvelle déclaration contre les relaps précise que le « séjour dans le royaume » est dorénavant une preuve de catholicité. Ainsi, à partir de cette date, tous les sujets du roi sont par définition sujets de l'Église romaine, et relaps en cas de refus de sacrements.

C'est peu après (août 1715) qu'un jeune prédicant, Antoine Court, prend contact avec d'autres prédicants des Cévennes, dont d'anciens camisards rentrés du Refuge, comme Bonbonnoux et Pierre Corteiz, et leur fait partager son projet d'une refondation des Églises détruites. Pour lui, cette refondation impose la rupture avec le modèle camisard : il s'agit d'une part d'« éteindre le fanatisme », autrement dit faire taire les prophètes, surtout les prophétesses, en imposant le retour au modèle pastoral d'avant la Révocation ; d'autre part de s'abstenir de toute rébellion violente, afficher la soumission politique. Il s'agit d'un changement de stratégie pour gagner la bataille de l'opinion publique, au Refuge et en France. Mais l'objectif des camisards est celui de Court : obtenir la liberté religieuse – toujours refusée par la législation royale, la liberté de naître, vivre et mourir hors de l'Église romaine et de faire des « assemblées » pour instruire et maintenir le peuple réformé. Si une tolérance de fait s'installe en Languedoc, après une reprise de la persécution de 1745 à 1755, elle est sans doute le résultat de la politique de Court, autant que de la crainte d'un nouveau soulèvement camisard.

Une guerre « pas comme les autres »

Très tôt, l'intendant Bâville comme l'évêque de Nîmes, Esprit Fléchier, ont jugé les événements des Cévennes comme une révolte ou une guerre « pas comme les autres ». Comment comprendre que des bandes de « scélérats », ramassis de « fanatiques » et de « gens de rien », puissent tenir tête à la meilleure armée du monde ?

On soupçonne une « main invisible » derrière les fanatiques : une « école de prophètes » qui dresse des simulateurs à « fanatiser », ou les ennemis de la France qui créent et alimentent un foyer d'insurrection à l'intérieur du royaume.

La lecture des sources permet de faire justice de ces hypothèses, d'autant que, depuis deux siècles, de nouveaux cadres d'interprétation s'offrent aux historiens pour comprendre des types de conflit non classiques : guérilla révolutionnaire, chouannerie, guerre civile de religion.

La première guérilla moderne ?

La guerre des camisards, du moins à ses débuts, rappelle les jacqueries paysannes, comme il y en eut tant au XVIIe siècle. Cependant, si la grande majorité des camisards était des paysans, ils n'étaient pas les plus pauvres (dans les écrits de propagande de 1703, les Cévennes sont d'ailleurs présentées aux Alliés presque comme un pays de cocagne) ; et le motif fiscal n'a été qu'un argument subsidiaire tardif, pour tenter d'élargir le soulèvement.

Esprit Fléchier

Relation des mouvements et des cruautés des fanatiques, lettre du 25 avril 1703

Cette guerre n'est pas comme les autres ; ces fanatiques ne sont, à la vérité, que des paysans ramassés et partagés entre diverses troupes nombreuses, mais ils ne laissent pas d'être disciplinés à leur manière. Leur férocité leur sert de courage, et ils ne craignent pas la mort, parce qu'ils savent bien qu'ils l'ont méritée. Endurcis au travail et à la fatigue, ils marchent presque toujours, tout le pays étant pour eux, et recevant partout où ils passent des vivres pour leur subsistance et des avis pour leur sûreté. Ils ravagent impunément la campagne, vont chercher des retraites dans les montagnes ou dans les bois, et sont plus difficiles à trouver qu'à battre. Leurs chefs sont des gens de rien, prévenus de crimes, cruels et désespérés. Les autres sont abusés par des passages de l'Écriture mal appliqués, par des prophéties ridicules, par des espé-

rances de secours étrangers et des miracles prétendus faits ou à faire par l'Éternel en leur faveur.

Très vite d'ailleurs, l'émeute populaire s'est muée en véritable guerre installée dans la durée, prenant la forme d'une guérilla moderne : actions discontinues et répétées de harcèlement dans des zones contrôlées par l'adversaire plus puissant ; guerre de « partisans », de militants du peuple, avec des chefs tirés du rang et des armes de fortune ou de récupération, se fondant après coup dans leur pays. Face aux armées régulières, les camisards ont su en effet mettre à profit, pour attaquer et pour se cacher, les particularités du pays – montagnes, vallées étroites, maquis (comme l'avaient bien relevé les réfugiés pour intéresser les Alliés au secours des Cévenols). Clandestins, ils ont toujours bénéficié de la complicité active de la population civile (N.C.), renforcée par l'exécution des traîtres et des mouchards. Sans stratégie d'ensemble, mais se concertant dès que possible, les camisards opéraient le plus souvent par petits groupes, chacun dans son secteur, utilisant le renseignement et l'art de la ruse. Leurs modes d'action :

une guerre d'embuscade et de coups de main, avec dispersion après chaque attaque ; une guerre psychologique aussi, avec des assassinats ciblés et, à l'occasion, la « guerre à fond ». Pour durer, les chefs camisards ont mis sur pied toute une logistique clandestine – finances, alimentation, chaussures, armes, « service de santé » –, entreposant les stocks dans des caches, grottes et cavernes.

Sur le plan de la technique de la guérilla (sans pitié), on peut penser que les camisards ont été des pionniers. Et symétriquement, que Bâville et Montrevel ont été des pionniers en matière de lutte antiguérilla, voire de terreur : « brûlement » d'une province, expulsion et concentration de la population dans des camps surveillés, loi des suspects, loi des otages, rafles et déportation de villages entiers, sans compter les exécutions sommaires en masse et l'« éclat des supplices » de la justice royale.

Davantage qu'aux guérilleros révolutionnaires ou aux maquisards du XXe siècle, c'est aux chouans que les camisards sont souvent comparés, la sociologie et le motif religieux renforçant l'analogie entre les Cévenols et les Vendéens : paysans combattant sur leur sol, cachés dans les bois, soulevés contre le tyran, pour la défense de la religion. Mais à la différence des camisards, les Vendéens étaient encadrés par des nobles, ce qui leur conférait une légitimité de principe. Surtout, leur visée était la restauration de l'ordre ancien, du pouvoir du roi et de l'Église du concile de Trente. Celle des camisards n'était-elle pas, au contraire, tournée du côté du monde nouveau ? N'allons pas trop vite en besogne. Par bien des côtés, la guerre des camisards ne peut-elle être rapprochée des anciennes guerres de Religion françaises ?

La dernière guerre de Religion ?

À l'époque, la propagande « alliée » de soutien aux camisards a pensé la guerre des Cévennes par référence aux anciennes guerres de Religion en France. Rappelant les guerres du duc de Rohan, elle identifiait la « Cause » des huguenots des années 1620 et celle des camisards, à savoir le libre exercice de la religion réformée, menacé ou empêché par le pouvoir royal devenu tyrannique (Jurieu réactivait d'ailleurs la théorie politique réformée du droit de résistance au tyran).

Sans doute aussi, le marquis de Miremont, lointain prince de Bourbon, imaginait-il entraîner les Alliés dans une guerre à la Rohan, avec débarquement d'une flotte anglaise et soulèvement des provinces huguenotes contre l'absolutisme louis-quatorzien. Rolland et Cavalier ne furent pas insensibles à cette perspective, mais les Anglais n'y étaient pas prêts (ils ne seront prêts qu'au moment où les camisards ont commencé à se rendre). Et depuis l'échec de Rohan en 1629 les protestants étaient désarmés.

L'actualité mondiale de la fin du XXe siècle et de ce début de XXIe siècle a relancé l'intérêt des historiens pour les guerres de Religion en Europe à l'époque moderne. Plusieurs ont analysé les formes de violence à l'œuvre dans les guerres civiles confessionnelles du XVIe siècle. Du côté protestant, des violences surtout ciblées sur les églises, les images, les prêtres, les traîtres ; en face, la « violence institutionnelle », appuyée sur l'appareil de la répression politique et judiciaire contre les « rebelles », et redoublée par des violences populaires contre les « hérétiques », y compris leurs cadavres. Des deux côtés, la diabolisation de l'ennemi et la dynamique des représailles conduisent à des poussées de rage exterminatrice – incendies, tortures et massacres de civils – stimulées par les prédicateurs. Ces caractéristiques se retrouvent dans la guerre des camisards, du moins dans sa phase explosive, de l'été 1702 au printemps 1704 (même là, cependant, les violences ont été ponctuelles et localisées).

Si l'iconoclasme (destruction des images et reliques des saints) typique des violences huguenotes du XVIe siècle, est aussi au cœur des violences camisardes, il semble là plus systématique, exacerbé. Les foules iconoclastes des années 1560 en France vidaient les églises des signes de l'« idolâtrie » pour marquer leur conquête, brisaient les objets sacrés pour en démontrer publiquement l'inanité et anticiper le triomphe de la pure religion, dépouillée des superstitions. Quand les troupes camisardes, au chant du psaume 137, mettent le feu aux églises et chapelles, renversent les autels, brisent les croix et les statues de saints, tuent des curés, des missionnaires, des vicaires, des prieurs, la logique semble plus de destruction que de triomphe. Les camisards, Mazel entre autres, ont justifié leurs actes non seulement comme l'accomplissement de la justice (châtiment de tel ou tel prêtre persécuteur et dénonciateur), mais aussi comme des ordres de l'Esprit-Saint, des inspirations – visions et paroles puisées dans l'Écriture. On peut donc se demander si le prophétisme, spécifique du soulèvement camisard, n'a pas contribué à en radicaliser la violence, une violence contagieuse.

Les inspirations
déposition d'Élie Marion, à Londres, en 1708

Ce sont nos inspirations qui nous ont mis au cœur de quitter nos proches et ce que nous avions de plus cher au monde, pour suivre Jésus-Christ et pour faire la guerre à Satan et à ses compagnons. Ce sont elles qui ont donné à nos vrais inspirés le zèle de Dieu et de la religion pure. [...] Ç'a été uniquement par les inspirations et par le redoublement de leurs ordres, que nous avons commencé notre sainte guerre. Un petit nombre de jeunes gens simples, sans éducation et sans expérience, comment auraient-ils fait tant de choses, s'ils n'avaient pas eu le secours du Ciel ?

> Nous n'avions ni force ni conseil, mais nos inspirations étaient notre recours et notre appui. Ce sont elles seules qui ont élu nos chefs et qui les ont conduits. Elles ont été notre discipline militaire. Elles nous ont appris à essuyer le premier feu de nos ennemis à genoux et à les attaquer en chantant des psaumes, pour porter la terreur dans leur âme. Elles ont changé nos agneaux en lions et leur ont fait faire des exploits glorieux.
> (Maximilien Misson, *Théâtre sacré des Cévennes*, Londres, 1708, p. 88)

Il faut rappeler que le prophétisme en Vivarais-Cévennes-Languedoc, issu du choc de la Révocation, avec la privation des « ministres de la Parole », a débordé dans le temps, en amont et en aval, les années camisardes, sans l'usage des armes. Mais dans le contexte de crise du début des années 1700, l'actualisation des prophéties d'Israël et de l'Apocalypse par la bouche et le corps des inspirés a autorisé le passage à des conduites de violence du répertoire biblique. Une violence tour à tour retournée contre le peuple endurci (« Repentance ! Miséricorde ! ») et agressive contre les « idolâtres » (« À sac ! à sac ! qu'ils soient embrasés »). La violence des camisards concentrée sur les églises, les autels et les prêtres en général s'explique comme le soulèvement contre une violence subie insupportable : pour les fils de ceux qui avaient dû abjurer en 1685, il s'agissait de détruire les instruments du « malheur », de la contrainte religieuse légale exercée quotidiennement sur leur peuple (peut-être aussi, plus obscurément, de venger la démolition des temples). Pour les camisards, seul l'Esprit-Saint pouvait justifier la transgression de tels interdits, les actes « sacrilèges », brûler des lieux sacrés, répandre le sang de prêtres, au risque de mourir.

Chez les camisards, les inspirations concernent aussi la conduite de la guerre : marcher ou s'arrêter, livrer bataille ou renoncer, tuer ou faire grâce. Si les inspirations, souvent contrôlées à la pluralité des voix, légitiment en général les violences contre les persécuteurs et leurs symboles, elles interdisent à l'occasion d'user des armes, de mettre à mort ou de prendre le butin (« interdit »). Ainsi, les inspirations ont joué chez les camisards un double rôle de légitimation et de régulation de leurs actes. À ces gens du peuple, très jeunes, dépourvus de chefs de la noblesse et privés de pasteurs, elles ont donné autorité et confiance pour mener le combat de David contre Goliath.

Les inspirations

déposition de Durand Fage à Londres, en 1708

Dans les occasions de grande importance on faisait la prière générale, et chacun demandait à Dieu qu'il lui plût d'adresser ses enfants, dans l'affaire dont il s'agissait. Incontinent voilà qu'en divers endroits on apercevait quelqu'un saisi de l'Esprit, les autres couraient pour entendre ce qui serait prononcé. Et ceux qui critiquent ici sans savoir l'état des choses, auraient eu beau crier que nous avions des inspirations de commande, elles n'étaient pas de commande, mais elles étaient de demande ; car nous implorions le secours de Dieu dans notre besoin, et sa bonté nous répondait. Eh bien, disaient après cela les chefs, qu'est-ce que Dieu a ordonné ? Tous les inspirés avaient dit la même chose par rapport à ce qui était en question ; et d'abord on se mettait en devoir d'obéir. Dans les commencements plus que dans la suite, on murmurait quelquefois, parce qu'on manquait de foi et qu'on voulait être plus sage que la Sagesse même, et cela arrivait particulièrement aux nouveaux incorporés dans la troupe et à ceux qui n'avaient pas d'inspirations [...]. *Devions-nous attaquer l'ennemi ? Étions-nous poursuivis ? La nuit nous surprenait-elle ? Craignions-nous les embuscades ? Arrivait-il quelque accident ? Fallait-il marquer le lieu d'une assemblée ? Nous nous mettions d'abord en prière : « Seigneur, fais-nous connaître ce qu'il te plaît que nous fassions pour ta gloire et pour notre bien ! » Aussitôt l'Esprit nous répondait, et l'inspiration nous guidait en tout.*

[...] *Lorsqu'il s'agissait d'aller au combat, j'ose dire que quand l'Esprit m'avait fortifié par ces bonnes Paroles : « N'appréhende rien, mon enfant, je te conduirai, je t'assisterai », j'entrais dans la mêlée comme si j'avais été vêtu de fer, ou comme si les ennemis n'eussent eu que des bras de laine. Avec l'assistance de ces heureuses paroles de l'Esprit de Dieu, nos petits garçons de douze ans frappaient à droite et à gauche comme de vaillants hommes. Ceux qui n'avaient*

ni sabre ni fusil faisaient des merveilles à coups de perches et à coups de frondes ; et la grêle des mousquetades avait beau nous siffler aux oreilles et percer nos chapeaux et nos manches, comme l'Esprit nous avait dit : « Ne craignez rien », cette grêle de plomb ne nous inquiétait pas plus qu'aurait fait une menue grêle ordinaire.
(Maximilien Misson, *Théâtre sacré des Cévennes*, Londres, 1708, p. 123-128)

Si la guerre des camisards a pu être qualifiée par Marion ou Cavalier de « guerre sainte », ce ne peut être dans le sens d'une croisade, pour imposer la « vraie religion » au royaume (alors que du côté catholique, il a bien été question de croisade contre les camisards, rapprochés des cathares). En effet, les objectifs des camisards, exprimés dans les messages adressés par les chefs aux autorités et dans les mémoires des survivants, n'ont pas varié et se ramènent à une unique revendication : la liberté de conscience. C'est la « liberté de conscience » que réclame Gédéon Laporte, en septembre 1702, « du camp de l'Éternel dans le désert des Cévennes », puis Cavalier à plusieurs reprises en 1703 et 1704 ;

Rolland, Ravanel et Catinat, en mai 1704 ; et Mazel encore, dans son manifeste répandu en Vivarais en mai 1709. Ce thème « moderne » de la « liberté de conscience », insolite dans la France d'Ancien Régime, les huguenots l'ont mûri de longue date, face aux menaces contre l'édit de Nantes, et l'ont encore assimilé par les sermons de Brousson ou de Jurieu. Ils comprennent la liberté de conscience de façon très concrète : « Éviter d'aller à la messe, échapper à la persécution, obtenir la liberté de servir Dieu comme il nous le commande. » Pour eux, cette liberté implique la fin du dressage catholique et du même coup la liberté de culte, autrement dit la liberté des « assemblées », la libération de la parole inspirée, l'utopie expérimentée à Calvisson en mai 1704.

Tout autant que la technique de la guérilla populaire, la revendication de la liberté de conscience a été portée par le prophétisme issu du désespoir. C'est ce qui fait la singularité et la « modernité » de la guerre des camisards.

La piété des camisards

D'après les mémoires de Mazel, Marion, Bonbonnoux, les camisards chantent les psaumes, prient et prêchent sans cesse, alors que ces extériorisations de la foi protestante sont rigoureusement interdites. Au cours des marches épuisantes et dangereuses, la prière, souvent à genoux. Après l'incendie d'une église ou de son mobilier, prêche et chant de psaumes. Avant le combat, la prière et le chant de psaumes, au moment de l'assaut, le chant du psaume 68, après la victoire, une prière de louanges.

Dans chaque troupe un ou des inspirés tiennent régulièrement des assemblées, pour « repaître le peuple de la parole de Dieu ». Au temps de Pâques, de Pentecôte, de Noël, la cène est distribuée.

Les prédications et les prières des prophètes sont puisées aux textes bibliques, plus ou moins librement cités et actualisés. Bonbonnoux relate ainsi son arrivée dans la troupe des camisards, à Paussan, près de Mialet, au début de 1703 : *Nous priâmes Dieu et le jour et la nuit. Nous chantâmes des psaumes, nous lûmes l'Écriture sainte et un jeune garçon âgé d'environ dix-sept années nous adressait tous les jours une exhortation ou une espèce de sermon tiré de passages de l'Écriture sainte et qu'il accompagnait de ses réflexions.*

Le 6 mars 1703, au soir de la défaite de Pompignan, les rescapés prient avec Daniel Guy, prophète blessé au combat, qui récite « la prière qu'on trouve à la fin de la *Pratique chrétienne* pour un troupeau désolé ».

Ces textes étaient appris par cœur ou lus sur des copies, parfois aussi dans les livres interdits, sortis de leur cachette.

Le psaume des batailles (Psaume 68)

Que Dieu se montre seulement
Et on verra soudainement
Abandonner la place.
Le camp des ennemis épars,
Épouvanté, de toutes parts
Fuir devant sa face.
Dieu les fera tous s'enfuir,
Ainsi qu'on voit s'évanouir
Un amas de fumée.
Comme la cire auprès du feu,
Ainsi des méchants devant Dieu
La force est consumée.

Dernières paroles d'un camisard

Curé de Saint-Germain-de-Calberte, Jean-Baptiste L'Ouvreleul relate la fin du camisard Jacques Pontier, pendu à Mende le 17 mai 1703 comme complice au massacre de Fraissinet-de-Fourques.

[Il] mourut obstiné dans la funeste prévention de sa naissance et de son éducation hérétique. Lorsque je m'approchai de lui, dès qu'on lui eut lu sa sentence, il me rejeta et me dit : « Arrière de moi, Monsieur, vous m'êtes un Satan, retirez-vous ! » Je lui répondis : « Mon cher frère, je viens au nom de Dieu, par un principe de charité, vous consoler dans votre affliction, et vous donner secours contre l'horreur d'une mort violente. » Il me répliqua : « Je n'ai nullement besoin de vous, ce n'est pas dans les hommes que je dois mettre ma confiance dans mon malheur, mais en Dieu seul. » Ensuite, levant les yeux au ciel, il s'écria : « C'est à toi, Sauveur du monde, que j'ai recours, regarde-moi avec pitié en ce jour de tribulation. Tu ne m'as point commandé de m'adresser à aucun ministre, mais tu m'as dit et à tes fidèles

enfants : "Venez à moi, vous tous qui êtes chargés et opprimés, et je vous soulagerai [Mt 11,28]." Use donc à cette heure, Christ débonnaire, Fils de David, de ta plus grande miséricorde envers moi. »

(*Histoire du fanatisme renouvelé*, t. I, p. 119)

LA LÉGENDE DES CAMISARDS

Sous ce titre emprunté au grand livre de Philippe Joutard, c'est en fait d'une pluralité de mises en récit « à lire » (légende), de « lectures » et de mémoires des camisards, d'hier à aujourd'hui, qu'il est question.

LES CAMISARDS MIS EN LIVRE D'HISTOIRE

Des récits imprimés des événements, il y en eut à chaud, des deux côtés, dans les gazettes ; à chaud aussi, plus développé, le récit du père L'Ouvreleul, curé de Saint-Germain-de-Calberte, témoin horrifié des « sacrilèges, des incendies, des meurtres » commis par les « fanatiques » (*Histoire du fanatisme renouvelé*, 1703, 3e éd. 1706) ; et du côté des prophètes camisards le *Théâtre sacré des Cévennes* de Misson (1707). Mais pour l'histoire, une fois clos le temps des « troubles des Cévennes », les plumes catholiques furent seules maîtresses du terrain pendant un demi-siècle, grâce à l'abbé Brueys, ancien huguenot devenu champion de l'Église romaine (*Histoire du fanatisme de notre temps*, 1709, 4e éd. 1757). Fanatiques et séditieux, tels apparaissaient les camisards au public français, jugement partagé aussi dans la plupart des milieux du Refuge huguenot.

Le premier protestant à se risquer sur le terrain glissant de l'histoire des camisards a été Antoine Court, auteur (anonyme) de l'*Histoire des troubles des Cévennes ou de la guerre des camisards sous Louis le Grand* (1760). Court avait porté depuis au moins trente ans cette œuvre – qui sortit au moment même où il mourait. Il était d'autant plus intéressé à cette histoire qu'il s'était activé, dès 1715, pour rompre avec le passé camisard et démontrer cette rupture aux protestants des pays du Refuge. Il n'empêche, quand il forme le projet d'écrire, dans les années 1730, alors qu'il est réfugié à Lausanne, Court a le souci d'en faire un récit impartial. Il rassemble toutes les sources imprimées disponibles (archives officielles, françaises et étrangères, gazettes, pamphlets, récits des contemporains, histoire de Brueys...), les sources manuscrites (correspondances, mémoires du baron d'Aygaliers, de La Baume...), se fait traduire de l'anglais les mémoires de Cavalier, appelle à la rédaction de mémoires des derniers acteurs et témoins (Bonbonnoux, Corteiz), mène sa propre enquête, croise et soupèse les témoignages contradictoires.

Après avoir accumulé et trié cette masse considérable de données, Court rédige son histoire vers 1745, un récit minutieux en trois volumes, courant de 1702 à 1711, date des derniers soubresauts camisards. Sa critique des sources lui fait faire justice de beaucoup d'accusations portées contre les camisards par L'Ouvreleul et Brueys. De l'exposé des faits, ressort une image des camisards plus complexe, et nettement moins négative que celle de leurs adversaires. Ni le « fanatisme » ni les violences – voire les cruautés – des camisards ne sont cachés, ils sont même blâmés par Court. Mais ils sont expliqués, relativisés par la brutalité de la répression antiprotestante, venant de « Louis le Grand », des autorités du pays et de leurs supplétifs, du clergé catholique surtout. En critiquant les excès camisards, tout en soulignant la légitimité de leur objectif, la liberté de conscience et de culte, l'*Histoire des troubles des Cévennes* est indirectement un plaidoyer pour la tolérance des protestants, victimes de l'intolérance.

L'ouvrage de Court, à distance des événements, ne fut pas un succès de librairie, ni dans la France catholique ni chez les protestants du Refuge, devenus étrangers à cette histoire. Autrement durable dans l'opinion publique fut l'image lapidaire de la guerre des camisards livrée par Voltaire dans son *Siècle de Louis XIV* (1751) : excès de fureur de misérables fanatiques, mais qui n'aurait pas eu lieu « sans la révocation de l'édit de Nantes ». Jusqu'au milieu du XIXe siècle, les histoires de France s'en tinrent là.

Le retour des camisards au XIXe siècle

Le retour des camisards passa d'abord par la littérature de fiction, romantique et romanesque. Les premiers à mêler l'histoire des camisards à la fiction ont été des Allemands qui ont relu l'histoire des camisards dans l'actualité brûlante de la Révolution française (dès 1790-1795), puis de la lutte de libération antinapoléonienne. Il faut citer la tragédie d'Isaak von Sinclair, trilogie publiée en 1806, sur « le début », « le sommet » et « la fin de la guerre des Cévennes ». La pièce, documentée aux bonnes sources (Court, Misson, L'Ouvreleul, Brueys), est un « hymne aux combattants des Cévennes » – à Rolland surtout –, à la foi et à la liberté. Elle inspira le roman plus connu de Ludwig Tieck, *Der Aufruhr in den Cevennen* (1826), resté inachevé.

Entre-temps, les romans historiques de Walter Scott, en particulier *Les Puritains* (traduit en français en 1817), avaient fait des émules, à la recherche de puritains français. Parmi eux des Anglais, familiers de la littérature des « French Prophets » : ainsi, Frances Coxe, *The Camisards or the Protestants of Languedoc,* en trois volumes (1825). Des Français aussi, à vrai dire auteurs de second rayon, Théophile Dinocourt (1823), Fanny Reybaud (1828), Hernand Roswalde, pseudonyme d'Eugène Thomas (1831) : ils partagent œcuméniquement les personnages sympathiques (tolérants) et antipathiques (fanatiques) entre camisards et catholiques, sans leur donner de consistance, l'intérêt portant bien davantage sur l'intrigue amoureuse. Dans la même veine, Eugène Sue. Avec cet auteur célèbre, les camisards trouvèrent un publicitaire autrement efficace : son *Jean Cavalier ou les fanatiques des Cévennes* parut d'abord en feuilleton en 1840, et eut plus de vingt rééditions. Les camisards, dans le rôle ambigu de fanatiques courageux et cruels soulevés contre l'absolutisme royal, étaient lancés dans le grand public.

Mais bien plus que le roman d'Eugène Sue, c'est l'ouvrage érudit et passionné de Napoléon Peyrat, *Histoire des pasteurs du Désert* (1842), qui va changer le regard des historiens « libéraux » et des historiens protestants au milieu du siècle. Depuis dix ans déjà, sans attendre Sue, Peyrat mûrissait cette histoire de ses « aïeux par la foi », s'imprégnant de tous les récits autant que des paysages des Cévennes. Pour lui, l'insurrection camisarde, populaire et démocratique, est la tête lointaine de la Révolution française. Rolland, mis en parallèle avec Cavalier, domine le héros jusque-là favori des romanciers : il est l'indomptable et le martyr des Cévennes.

Lecteur de Peyrat, Henri Martin fait entrer les prophètes des Cévennes et les camisards dans la nouvelle édition de son *Histoire de France* (1850). Dans le tome XIV de sa propre *Histoire de France* (1862), Michelet consacre un chapitre aux camisards de son ami Peyrat. Il inscrit la guerre des Cévennes, ce « miracle du désespoir », dans la geste de la France éternelle, porteuse des idéaux de liberté et de fraternité. C'est pour lui l'insurrection des « petits » – le Peuple, l'Enfant. Michelet comprend ce soulèvement comme un phénomène de génération : « Les parents supportaient... Les enfants ne supportèrent pas. » Et comme un phénomène démocratique, populaire, laïc : « Les nobles n'y prirent aucune part. Elle fut nationale. Les Cévennes ne reçurent aucun secours de l'étranger [...] Ce qui avait rendu les camisards très-forts, c'était de n'avoir ni nobles ni prêtres, d'ignorer les doctrines énervantes des ministres, les molles résignations de l'Évangile, d'être un parti biblique et non chrétien. »

Robert L. Stevenson

Voyage avec un âne dans les Cévennes (1879)

À l'automne 1878, Robert Louis Stevenson (1850-1894) est parti sur les traces des camisards, attiré par ces lointains cousins des puritains écossais rebelles, avec l'ouvrage de Napoléon Peyrat comme guide.

Du Monastier (Haute-Loire) à Saint-Jean-du-Gard, il parcourt quelque 200 kilomètres, au rythme de l'ânesse Modestine. Le récit de ce voyage, *Travels with a Donkey in the Cevennes*, est publié dès 1879, avec un frontispice de Walter Crane. Dans le chapitre « Au pays des camisards », Stevenson associe les paysages, et les rares habitants rencontrés, à l'histoire des camisards.

Avec la caution de Michelet, la Société de l'histoire du protestantisme français, longtemps méfiante ou gênée, a participé à son tour à la réhabilitation des camisards. Articles, ouvrages de vulgarisation, thèses d'étudiants en théologie, romans d'auteurs protestants se multiplient à partir des années 1870-1880 ; ainsi du pasteur François Puaux deux petits livres populaires, *Vie de Jean Cavalier* (1868) et *Histoire populaire des camisards* (1873, 4e éd. 1898). Certains s'interrogent sur le phénomène prophétique, rapproché du Réveil méthodiste. Tous concourent à l'enrichissement et à la diffusion de l'épopée des camisards, interprétée dans le cadre de la grande histoire de France, ou de l'histoire de la liberté de conscience, ou dans le cadre de l'histoire de l'Église et de la foi. Les peintres protestants aux attaches cévenoles ne sont pas en reste – tel Antoine Labouchère avec son *Jean Cavalier* (1864).

Le monde cévenol n'avait pas attendu la réhabilitation historiographique des camisards pour écrire des récits camisards, relais de la mémoire orale transmise dans les familles et les villages, dans les pierres, les lieux-dits, les paysages. Il n'empêche, l'emballement camisard général a joué dès les années 1880 dans le sens d'une « camisardisation » de la « conscience identitaire » cévenole : celle-ci se manifeste jusque vers les années 1920 au moins, dans la littérature locale, les assemblées cultuelles et commémoratives en plein air, la fondation du Club cévenol (1894).

La contre-offensive catholique, vigoureuse, témoigne à sa manière de cet emballement général. Au feuilleton d'Eugène Sue répondent ceux d'Alexandre de Lamothe, *Les Camisards* (1868, 4e éd. 1924). Puis ce sont, dans les années 1870-1880, des publications de sources inédites hostiles aux camisards ; enfin, au plus fort des tensions entre l'Église et la République, l'abbé Couderc (1904), l'abbé Rouquette (1904, 1907), l'abbé Solanet (1913), pilonnent les camisards, mêlés dans la même réprobation que leurs successeurs révolutionnaires et communards.

À la veille de la Première Guerre mondiale, légende dorée et légende noire des camisards s'affrontent. Le musée du Désert, ouvert en 1911, surfe sur la vague de la légende dorée, qu'il s'emploie lui-même à faire briller. Dans le Midi cévenol, la passion camisarde n'est pas près de s'éteindre.

Cependant, avec la Première Guerre mondiale, apparaissent déjà des signes d'essoufflement de la passion camisarde. D'autant que les recherches quelque peu iconoclastes d'un historien et pasteur du Havre, Charles Bost, sur le prophétisme camisard (1921, 1925), viennent déstabiliser de l'intérieur la légende dorée.

Les nouveaux retours depuis les années 1970

Les nouveaux retours des camisards dans la littérature des années 1970 ne se comprennent pas sans la réactivation de la mémoire des camisards en Cévennes dans les années 1940, guerre, terreur, résistance et clandestinité mêlées. Il n'est que de citer les paroles d'une complainte « maquisarde » écrite par Jacques Poujol pour ses camarades du maquis Aigoual-Cévennes, en mai 1944 :

Les fiers enfants des Cévennes
Réfractaires et maquisards
Montrent qu'ils ont dans les veines
Le sang pur des camisards.

Écrite au lendemain de la guerre pour le grand public, l'*Histoire de la guerre des camisards* du Cévenol André Ducasse (1946, rééd. 1962, 1970) porte la trace d'une relecture de cette histoire sous le choc des événements vécus de près.

Trois romans camisards à succès ont été les signes avant-coureurs d'une nouvelle vogue des camisards d'ampleur nationale.

Il s'agit des *Fous de Dieu* de Jean-Pierre Chabrol (1961), de *La Superbe* d'André Chamson (1967), et des *Feux de la colère* de Max Olivier-Lacamp (1969), qui reçut le prix Renaudot. Ces romans d'auteurs cévenols et protestants ont réussi à attirer des lecteurs bien au-delà du public régional et confessionnel, plus ou moins acquis d'avance. Chamson continuera sur sa lancée, publiant avec ténacité sa « suite camisarde » : *La Tour de Constance* (1970), *Castanet, le camisard de l'Aigoual* (1979), *Catinat, gardian de Camargue* (1982). Le film *Les Camisards* de René Allio, en 1970, fut un autre révélateur de cet engouement d'un large public français pour les révoltés des Cévennes.

Ces nouvelles fictions camisardes prennent appui sur un enracinement régional, sur les sources d'archives, les travaux d'historiens, telles la synthèse d'André Ducasse et la réédition en poche, par Philippe Joutard, des *Mémoires* de Mazel, Marion et Bonbonnoux (sous le titre *Journaux camisards,* 1965). Plus encore que les interprétations des historiens, les œuvres de fiction intègrent le passé proche et le présent de leurs auteurs, eux-mêmes miroirs d'une époque. L'expérience de l'Occupation et de la Résistance est prégnante pour les trois romanciers dans leur compréhension de la guérilla camisarde ; s'y ajoute celle de l'engagement communiste, pour Chabrol, et celle des maquis du Vietnam pour Olivier-Lacamp, ancien correspondant de guerre en Indonésie. « Mai 68 » colore aussi les œuvres d'Olivier-Lacamp et d'Allio : leurs camisards sont les premiers « gauchistes », jeunes et sympathiques révolutionnaires, mi-anarchistes, mi-maoïstes. Allio revendique explicitement une lecture marxiste du soulèvement camisard, qu'il inscrit dans la longue chaîne des « brûleurs de châteaux ». Quant à la dimension religieuse du conflit, elle est bien présente et sentie, y compris chez Allio, dans sa représentation des prophètes, sans que manque la touche œcuménique en phase avec le temps.

C'est dans ce climat « camisardophile » que mûrissent et sortent plusieurs grands travaux universitaires. La thèse d'Henri Bosc, exploitant méthodiquement la masse d'archives du dépôt de la Guerre à Vincennes (1973), a été reprise dans *La Guerre des Cévennes, 1702-1710*, somme monumentale en 6 volumes (1985-1993). Avec la thèse de Philippe Joutard, soutenue en 1974, et devenue *La Légende des camisards* (1977), un sujet neuf était découvert, celui de la mémoire des camisards, dans les récits, les romans, les images, et la tradition orale. Venu, lui, de l'analyse des utopies populaires et « sectaires », le sociologue Daniel Vidal a mis au jour un autre sujet fertile : le discours prophétique des camisards comme langage de crise, en particulier celui des « French Prophets », dans *L'Ablatif absolu* (1977), et plus largement dans *Le Malheur et son prophète* (1983).

Le renouveau d'intérêt pour les camisards depuis les années 1970, porté d'abord par des flash-back politiques (les divers maquis, mai 68), s'est trouvé paradoxalement renforcé par l'effondrement des grandes utopies dans les années 1970-1990. Cet effondrement, concomitant de l'affaissement accéléré des cadres sociaux de la mémoire dans les sociétés occidentales, a en effet favorisé le retour aux « racines » et le souci de l'« identité » des groupes minoritaires. Le temps venait pour les « lieux de mémoires, thématique lancée en 1984 par Pierre Nora, avec le succès que l'on sait.

Premiers lieux, premières commémorations

La maison de Rolland

Une tradition familiale et locale, relayée dans les milieux du Réveil méthodiste, a maintenu au XIXe siècle le souvenir du chef camisard Rolland au mas Soubeyran, à Mialet. Les descendants Laporte montraient volontiers aux visiteurs la cachette, au fond du placard de la cuisine, la grosse Bible et la lance de Rolland. Parmi ses visiteurs, en 1879, le secrétaire général de la Société de l'histoire du protestantisme français (S.H.P.F.), Jules Bonnet. Ému par le lieu et par la situation financière difficile du dernier Laporte, celui-ci fait acheter la maison par la S.H.P.F., chose faite en 1880, grâce à une souscription lancée et complétée par le président de la S.H.P.F., Ferdinand de Schickler.

La maison de Rolland est rapidement intégrée par la S.H.P.F. dans sa politique de mémoire : la 30e assemblée annuelle de la S.H.P.F., les 9-11 octobre 1883, prévoit un circuit de Nîmes à Aigues-Mortes, puis Anduze et le mas Soubeyran. Une centaine de personnes se pressent d'abord pour visiter la maison de Rolland – sa Bible, sa hallebarde, sa cachette – puis participe, dehors, à un culte où la lecture est faite « dans la vieille Bible déchirée de Rolland », face aux montagnes et à « la garrigue où se battirent les camisards ».

La Cévenole (1885)

On l'appelle souvent « la Marseillaise des huguenots ». Publié sous le titre *La Cévenole* dans le premier numéro du journal du même nom (*La Cévenole*, du pasteur Louis Guibal, de l'Église libre de Saint-Jean-du-Gard) en janvier 1885, ce « chant patriotique et religieux » a été composé par Ruben Saillens (1855-1942), pasteur des Églises libres (mis en musique, à l'été 1885, par Louis Roucaute). L'une des strophes évoque directement les camisards, qui, « traqués de cime en cime, En vrais lions surent lutter ».

Les assemblées du Désert

En 1859, à l'occasion du tricentenaire de la fondation des Églises réformées en France, une fête commémorative organisée à Nîmes prit la forme d'une gigantesque assemblée en plein air, sur le lieu des dernières assemblées clandestines nîmoises. La tradition méridionale des assemblées clandestines « au désert », réactivée par le Réveil méthodiste en Cévennes, avait ressurgi là spontanément, s'enrichissant d'une dimension festive : le matin, prédication nourrie d'histoire, avec la participation de tous les pasteurs du consistoire, chant de cantiques par l'assemblée, banquet fraternel, fête l'après-midi.

Dans les années suivantes, des Églises réformées du Midi se sont inspirées de ce modèle pour des « fêtes de la Réformation » en plein air. Ainsi à Sainte-Croix, en 1879 : le pasteur émut ses auditeurs en évoquant « montagnes et ravins témoins de tant de luttes », « torrents rougis du sang des martyrs », « la foi ardente et libre des Cévenols, leur charité inépuisable, leurs espérances dans le triomphe final de la vérité et de la liberté ». Cependant, la législation sur le droit de réunion rendait difficile la pratique d'assemblées en plein air.

La liberté de réunion gagnée en 1881 et la commémoration de la Révocation en 1885 a stimulé de grandes fêtes de la Réformation en plein air dans les Cévennes. L'assemblée organisée à Saint-Roman-de-

Tousque, en août 1885, par Louis Guibal, pasteur de l'Église libre de Saint-Jean-du-Gard, est la première à associer directement l'histoire des camisards et le paysage qui en fut le cadre, vu depuis le balcon du col de l'Exil. C'est là que retentit pour la première fois *La Cévenole*.

Deux ans plus tard, en 1887, le centenaire de l'« édit de tolérance » est l'occasion d'une commémoration d'une tout autre ampleur, organisée par les pasteurs « libéraux », au Plan de Fontmort, lieu de deux combats camisards meurtriers, en juillet 1702 et mai 1704. Un obélisque érigé sur ce lieu désolé porte ces mots : « A l'occasion du centenaire de l'édit de tolérance, les fils des huguenots ont, sur le théâtre des anciens combats, élevé ce monument à la paix religieuse et à la mémoire des martyrs ». Le lieu de mémoire de guerre de religion est transformé en lieu de mémoire de la tolérance. Même cette version euphémisante d'un lieu camisard a fait craindre les polémiques venant de la Lozère catholique ; on fut près de renoncer à l'inauguration, laquelle eut tout de même lieu, le 14 août 1887, rassemblant 30 pasteurs et 5 000 participants, autour d'une prédication biblique et d'allocutions historiques autant qu'exhortatives.

Le musée du Désert et ses assemblées

Le projet de transformer en musée la maison de Rolland, propriété de la S.H.P.F., est né en septembre 1910. Ce fut après une visite faite au mas Soubeyran par le nouveau président de la S.H.P.F., Frank Puaux, qui préparait l'édition en français des *Mémoires* de Cavalier, en compagnie de son ami Edmond Hugues, l'historien d'Antoine Court et des synodes du Désert. « Tout était vide, délabré, abandonné. Était-il possible de laisser en cet état les pauvres pièces où subsistaient, rarement visités, le vieux lit, la maie (pétrin), la fourche et la Bible du chef indomptable ? Non, il importait de faire de ce lieu sacré un centre vivant et d'y créer une sorte de musée où seraient rassemblés tous les souvenirs des temps où notre Église était *sous la Croix* : le musée du Désert. »

Le projet, comme le nom trouvé par Puaux pour ce musée, marque une extension de la signification du lieu de mémoire : le mémorable n'est pas seulement la guerre des camisards, mais toute la période du Désert, tout un passé de souffrance ; ainsi se trouve relativisée et justifiée la violence rebelle de Rolland et des Cévenols, qui n'est que l'une des faces du combat protestant pour la liberté de conscience en France. Le programme des fondateurs du musée du Désert était double : rassembler les protestants, alors divisés théologiquement entre « orthodoxes » et « libéraux », dans la mémoire d'une histoire commune ; réintégrer de façon sensible l'histoire des protestants français dans l'histoire de France, autrement dit dans l'histoire du progrès de « la première et la plus sainte des libertés, la liberté de conscience ».

Dès novembre 1910, Edmond Hugues, enthousiaste, s'attelle à la tâche de constituer le musée, au premier étage de la maison de Rolland. La collecte des objets témoins du Désert, liés à une mémoire orale encore vive, rencontre un certain succès dans la région. Quatre salles sont aménagées : la « salle Rolland et Cavalier », dans la cuisine, évoque, seule, la mémoire des camisards (sans le prophétisme, incompris). Elle est encadrée, à gauche, par la salle Claude Brousson (dans la « chambre de Rolland »), rappelant les persécutions, à droite par la salle Antoine Court, suivie de la salle Paul Rabaut. Autrement dit, l'histoire des camisards est relativisée d'un côté par le contexte de persécution, de l'autre par le temps du Désert discipliné et la marche vers la tolérance.

L'inauguration du musée du Désert est célébrée le 24 septembre 1911, sous la forme d'une « assemblée au Désert », en présence de 2 500 fidèles des environs.

L'assemblée annuelle du musée du Désert

L'assemblée annuelle du musée du Désert est devenue une institution du protestantisme français.

La première assemblée a eu lieu pour l'inauguration du Musée, le 24 septembre 1911. Un compte rendu paru dans *Le Temps* en restitue l'atmosphère :

« Sous les châtaigniers séculaires se réunirent les Cévenols [...] descendus de leurs montagnes pour assister comme leurs ancêtres à une assemblée du Désert. Ils chantèrent l'un des psaumes d'autrefois, celui qu'on appelait le "psaume des batailles" et ce rythme lent et solennel faisait naître l'émotion dans les cœurs. Ainsi s'éveillait, sans passion, sans haine, le souvenir des temps disparus, comme demeurait et grandissait la reconnaissance pour la liberté de conscience triomphant par le sacrifice des martyrs. »

De la chaire portative « du Désert », après la prière, le message de Frank Puaux fit forte impression :

« Nous avons voulu recueillir pieusement les souvenirs de cette douloureuse période de la vie de nos Églises, alors que dans les ténèbres de la nuit et de la persécution, pour célébrer leur culte proscrit, les fidèles se réunissaient au "désert". [...] Est-il exemple dans l'histoire d'une foi aussi puissante que celle de ces pauvres persécutés ? [...] Qui ne s'inclinerait devant ces grands défenseurs de la première et de la plus sainte des libertés, la liberté de conscience ? »

Le chant de la *Complainte des prisonnières de la tour de Constance* en provençal (du Nîmois Antoine Bigot, 1883) fut suivi de la prédication du pasteur Babut. « Après la bénédiction, l'immense assemblée entonna *La Cévenole*. »

Dès 1912, les assemblées annuelles du Désert tendent à se couler dans le modèle des « Fêtes de la réformation »

en plein air : assemblée sous les châtaigniers du haut lieu camisard, culte en présence de nombreux pasteurs en robe, le prédicateur dans une « chaire du désert », sainte cène dans les « coupes du désert », allocutions historiques, évoquant toujours plus ou moins le temps du Désert, chant par l'assemblée de psaumes et cantiques (dont le psaume 68 et le « cantique de Luther »), de *La Cévenole* et de la *Complainte des prisonnières* en languedocien.
Fixées depuis 1929 au premier dimanche de septembre, les assemblées du Désert rassemblent chaque année entre 10 000 et 15 000 participants, venus de toute la France, de Suisse, Allemagne, Hollande, Australie... L'assemblée du 6 septembre 1942, où prêcha Marc Boegner, président de la Fédération protestante de France, compte dans l'histoire de la résistance discrète et efficace aux lois antijuives de Vichy.

Deux ans plus tard, Puaux et Hugues décident d'agrandir le musée en réunissant à la maison de Rolland un bâtiment plus spacieux, qui serait un « mémorial des temps sous la croix ». La salle des Prédicants est ouverte en 1913, mais la Première Guerre mondiale freine la réalisation des trois autres salles prévues. C'est seulement en 1921 que sont inaugurées les grandes salles dédiées aux réfugiés, aux galériens et aux prisonnières. L'accent est donc mis là sur la mémoire des martyrs, les victimes de l'histoire, et aussi, avec la salle du Refuge, sur la vocation internationale du protestantisme français, la réconciliation de l'Europe protestante, après les déchirements de la guerre.

Depuis les années 1950 et surtout 1970, de nouvelles extensions permettent au musée de situer l'histoire du Désert dans une histoire plus large, venue de la Réforme du XVIe siècle. Ainsi, une salle de la Bible est destinée à exposer le principe réformateur de l'« Écriture seule ». De même une nouvelle salle placée en introduction au musée, la salle de la Réformation, dominée par un immense tableau de Labouchère, représentant *Luther à la Diète de Worms*.

La croix huguenote

Sur l'origine et la signification de ce bijou appelé couramment « croix huguenote », signe identitaire des protestants français, beaucoup d'encre a coulé et coule encore. En l'état actuel des recherches, il semble que l'on puisse établir un rapport entre la croix huguenote et le prophétisme camisard.

Cette croix de Malte fleurdelisée, articulée avec une colombe aux ailes déployées, emblème du Saint-Esprit, apparaît dès avant 1720 comme bijou appelé « saint-esprit », porté en pendentif par les protestantes de la région nîmoise et des Cévennes. D'après l'abbé Valette, écrivant au milieu du XVIIIe siècle, c'est un orfèvre de Nîmes, Daniel Maistre (mort en 1726), réputé à l'époque mauvais N.C. (nouveau converti), qui aurait créé (dès 1688 ?) ce bijou éloigné du modèle de la croix latine, connotée comme « romaine ». L'ancienne horreur que l'on avait dans la religion [réformée] pour la croix et le nouveau goût que l'on s'y était fait pour les Saint Esprits expliquerait la diffusion rapide de ces bijoux au XVIIIe siècle, chez les Cévenoles « religionnaires », comme substitut aux traditionnelles croix latines. En 1739, le port du « saint-esprit » est interdit par l'évêque de Nîmes aux filles N.C.

Avec la fin du « Désert », le bijou ne semble plus guère porté, même quand il est conservé dans les familles. La relance du bijou chez les protestants du Midi est venue d'une exposition de croix désignées alors comme « croix huguenotes », à Lasalle, en 1901. À partir de 1912, le musée du Désert l'adopte, renouvelant le lien symbolique entre la croix huguenote et la mémoire camisarde ; il a sans doute le plus contribué à l'essor national, et international (dans les communautés huguenotes) de la croix huguenote.

Pierres et mémoire orale des camisards

Depuis sa fondation, le musée du Désert a poursuivi une politique active de stèles et plaques commémoratives en Cévennes et Bas-Languedoc, dont la moitié (une douzaine, de 1911 à 1962) évoquent la vie ou la mort de prédicants ou de chefs camisards, ou des épisodes marquants de la guerre des camisards. Notons parmi d'autres, en 1922, la pose d'une plaque commémorative au mas Roux, entre Ribaute et Les Tavernes, à proximité de la maison natale de Cavalier, démolie en 1703. Au cours de la cérémonie, ponctuée de prières et de chants, on exalte la figure du héros ; on développe « l'importance de la guerre des camisards dans l'histoire des libertés françaises », avec une éloquence très « bleu horizon » : « Le jour où l'on comprendra que si l'humble bergère lorraine sauva la terre de France, les pâtres des Cévennes, Rolland et Cavalier, sauvèrent son esprit, ce jour-là la France républicaine fera du Mas Roux et du Mas Soubeyran des lieux de pèlerinage aussi sacrés que Domrémy. » Les années 1952-1954, période du 250e anniversaire de la guerre des camisards, ont suscité la pose de six plaques commémoratives : maisons natales de chefs camisards (Esprit Séguier, Abraham Mazel, Jean Malhier), déportation de la population de Mialet, bataille-massacre de la tour de Billot, rencontre de Cavalier et Lalande au pont d'Avène. En 1962, Cavalier est encore à l'honneur, avec une plaque à Vézenobre sur la maison Lacombe et une stèle commémorant la victoire du Devois de Martignargues. Le tricentenaire de la guerre des camisards a été l'occasion de pose de quelques plaques nouvelles : ainsi au temple de Saumane, en 2005, en mémoire des 265 habitants déportés en mars 1703 pour être incarcérés à Perpignan.

Mais la mémoire des camisards n'est pas le monopole du musée du Désert ni des protestants. D'autres associations l'ont marquée aussi dans la pierre, en transposant dans un cadre laïc la résistance des « religionnaires » des Cévennes. Ainsi en 1996 a été érigé à Saint-Roman-de-Tousque un monument aux résistants français et allemands, notamment ceux du maquis « Montaigne », pour leur combat contre « les troupes d'occupation qui incarnaient les théories racistes du national-socialisme ». En 1995, la maison natale d'Abraham Mazel, à Falguières, hameau de la commune de Saint-Jean-du-Gard, a été rachetée par une association qui la restaure pour en faire un centre culturel dédié aux résistances. Les « rencontres Abraham Mazel » ont lieu chaque année en juillet, autour de différents thèmes.

Une mémoire orale des camisards est ancrée dans de rares monuments anciens et de nombreux lieux-dits des Cévennes auxquels le nom des camisards est attaché : « pont des camisards », chemins des camisards, et surtout nombreuses « grottes des camisards ». Certains noms sont interprétés et déformés par la mémoire orale, ainsi le

« col de l'Exil », d'où, dit-on, les proscrits pouvaient jeter un dernier regard sur leurs Cévennes. Dans des villages et des familles, on montre encore des traces de l'incendie – le « grand brûlement » – de l'automne 1703, ou la cache du prédicant, ou la Bible en lambeaux. Restent encore aujourd'hui, comme l'attestent des enquêtes faites en 1996-1998, dans la Vallée française, le pays de Calberte, la vallée de la Mimente, des bribes de récits de légende transmises de pères en fils dans des familles.

Des bribes seulement, alors qu'en 1957 André Chamson pouvait dire au Désert : « Cette histoire n'est pas pour nous [protestants des Cévennes] l'Histoire qui dort dans les livres, c'est un souvenir de famille qui se passe de bouche en bouche. Il a suffi qu'elle se passe trois fois, du grand-père au petit-fils, pour rester présente en nos cœurs. Quand j'étais enfant et que je ne connaissais rien d'autre que ces montagnes, j'ai vécu dans la familiarité de ces héros. D'autres petits Cévenols doivent le faire encore aujourd'hui ! L'histoire des Camisards est notre chanson de geste, notre Iliade, notre Odyssée et notre Légende dorée. »

Cette mémoire orale des camisards, restée stable jusqu'aux années 1950, a connu depuis une érosion accélérée, liée à la « fin des terroirs » et à l'effacement d'un protestantisme français héréditaire.

Au surplus, la mémoire des camisards est en général disqualifiée par les élites des Églises et des laïcs, au nom de l'idéal évangélique ou de l'éthique pacifiste. Hors des Cévennes, l'image des camisards est toujours ambiguë. Il n'empêche, après trois siècles, la puissance d'attraction des camisards reste vive. Des hommes, des femmes, des communautés, s'approprient l'histoire ou le mythe camisard comme mémoire religieuse : en témoignent les foules des assemblées du Désert, protestants venus de tous les horizons, comme aussi les références de sites Internet pentecôtistes. Le mot même de « camisards » est si populaire aujourd'hui qu'il est mis à toutes les sauces pour le tourisme en Cévennes, et qu'il colore des résistances pour les droits de l'homme jusqu'en Amérique.

À s'universaliser, les camisards risquent de se dissoudre. Mais le mythe sans cesse relance l'histoire – la relecture des sources, le déchiffrement de voix et de vies soulevées contre la tyrannie des consciences. Comme ce billet d'une écriture malhabile, du tisserand Jean Abric, qui avait été de la troupe de Castanet, puis de Cavalier, pendu en 1709 à l'âge de 24 ans : appelant le Jugement sur les persécuteurs, il en éclaire le sens en citant l'Évangile – « Que servira-t-il à l'homme de gagner tout le monde, s'il fait perdre son âme ? »

BIBLIOGRAPHIE

Sources imprimées

CAVALIER Jean. *Mémoires sur la guerre des camisards*. Paris : Payot, 2006.

COURT Antoine. *Histoire des troubles des Cévennes ou de la guerre des camisards sous Louis le Grand*. Éd. Patrick Cabanel, *et al*. Montpellier : Presses du Languedoc, 2002.

FLÉCHIER Esprit. *Fanatiques et insurgés du Vivarais et des Cévennes. Récits et lettres, 1689-1705*. Éd. Daniel Vidal. Grenoble : Jérôme Millon, 1996.

L'OUVRELEUL Jean-Baptiste. *Histoire du fanatisme renouvelé*. Éd. Patrick Cabanel. Montpellier : Presses du Languedoc, 2001.

MAZEL Abraham, MARION Élie, BONBONNOUX Jacques. *Mémoires sur la guerre des camisards*. Éd. Charles Bost. Montpellier : Presses du Languedoc, 2001.

MISSON Maximilien. *Théâtre sacré des Cévennes.* Éd. Jean-Pierre Richardot. Éditions de Paris, 1996.

Travaux

BERNAT Chrystel, dir. *Die Kamisarden. Eine Aufsatzsammlung zur Geschichte des Krieges in den Cevennen (1702-1710).* Trad. Eckart Birnstiel. Bad Karlshafen : Verlag der Deutschen Hugenotten-Gesellschaft, 2003.

BOSC Henri. *La Guerre des Cévennes, 1702-1710.* Montpellier : Presses du Languedoc, 1985-1993, 6 vol.

CHABROL Jean-Paul. *Élie Marion, le vagabond de Dieu 1678-1713. Prophétisme et millénarisme protestants en Europe à l'aube des Lumières.* Aix-en-Provence : Édisud, 1999.

JOUTARD Philippe. *La Légende des camisards. Une sensibilité au passé.* Paris : Gallimard, 1977.

JOUTARD Philippe. *Les Camisards.* Paris : Gallimard-Julliard, 1976 (Archives, 63).

CABANEL Patrick, dir. *Itinéraires protestants en Languedoc, XVIe-XXe siècle.* Montpellier, Presses du Languedoc, 1998-2000, 3 vol.

CABANEL Patrick et JOUTARD Philippe, dir. *Les Camisards et leur mémoire, 1702-2002.* Colloque du Pont-de-Montvert, 25-26 juillet, 2002. Montpellier : Presses du Languedoc, 2002.

ROLLAND Pierre. *Dictionnaire des camisards.* Montpellier : Presses du Languedoc, 1996.

VIDAL Daniel. *Le Malheur et son prophète. Inspirés et sectaires en Languedoc calviniste (1685-1725)*, Paris : Payot, 1983.

Sites Internet

www.camisards.net

www.museedudesert.com

Romans, théâtre

CHABROL Jean-Pierre. *Les Fous de Dieu.* Gallimard, 1972 (Folio).

CHAMSON André. *Suite camisarde.* Omnibus, 2002 (reprend en un volume : *La Superbe*, *La Tour de Constance*, *Castanet*, *Catinat, Les Taillons, 7 Discours au Désert*).

OLIVIER-LACAMP Max. *Les Feux de la colère.* Grasset, 2003.

SINCLAIR Isaak von. *La Fin de la guerre des Cévennes. Drame romantique allemand (1806).* Éd. et trad. de Jean Carbonnier. Montpellier : Presses du Languedoc, 1993.

LE MUSÉE DU DÉSERT

Musée créé en 1911 dans la maison natale de l'ancien chef camisard Rolland, au mas Soubeyran, sur la commune de Mialet (Gard). Quinze salles font revivre l'histoire des camisards et le siècle du « Désert », de la révocation de l'édit de Nantes, en 1685, à la Révolution française, et plus largement l'histoire des protestants en France.

Lieu de mémoire, le musée du Désert tient à sa vocation de rassemblement du protestantisme, sans frontières. C'est dans cet esprit que, depuis 1911, une « assemblée du Désert », avec un culte en plein air, se tient sur le site du mas Soubeyran, le premier dimanche de septembre.

Mas Soubeyran, 30140 Mialet
Tél. 04 66 85 02 72 – Fax 04 66 85 00 02
www.museedudesert.com
Ouverture : du 1er mars au 30 novembre

Mende
Bagnols-les-Bains
Lot
LOZÈRE
Villefort
Finialette
L'Hospital
Pont-de-Montvert
Concoules
Ste-Énimie
Florac
Tarn
St-Maurice-de-Ventalon
Vialas
Génolhac
St-Martin-de-Lansuscle
BOUGÈS
Chamborigaud
Champdomergue
Bessèges
Cassagnas
Le Pradal
Château de Por
Barre-des-Cévennes
Le Bois des Ayres
Portes-Ste-Cé
Vebron
Plan-de-Fontmort
Mazel-Rosade
Le Collet-de-Dèze
Le Castanet
Fraissinet-de-Fourques
L'Hospitalet
Témélac
La Devèze
St-Germain-de-Calberte
Branon
Jonte
Le Pompidou
La Rouveyrette
La Grand-C
Meyrueis
Cabrillac
St-André-de-Valborgne
Ste-Croix-Valfranc
St-Étienne-Valfrancesque
Mandajors
Cessenade
St-Romans
Marouls
Abbaye d
AIGOUAL
St-Paul-la-Coste
Saumagne
Bec de Jeu
Mas de Cauvy
St-Jean-du-Gard
Mialet
Trèves
Tour de Billot
Hérault
Valleraugue
Pont de Vallongue
Générargues
Anduze
Château de St-Félix-de-Pallières
Ribaute
La Salle
La Madeleine
Mandagout
Monoblet
Tornac
Lézan
Aumessas
Aulas
Sumène
Berquet
Dufort
Lédignan
Cros
Le Crespenou
Le Vigan
La Rube
St-Hippolyte-du-Fort
Villesèque
Ganges
Sauve
Bragassar
Château de Sabatier
Quissac
Pompignan
La Baraque de Sérignac
Vic (Combas)
St-Martin-de-Londres
Sommières
La Roque-d'Aubais
St-Seriès
St-Guilhem-le-Désert
St-Gély-du-Fesc
Saturargues
Lunel
Gignac
Clermont-l'Hérault
Mauguio
Étang de Mauguio
Montpellier
HÉRAULT
Le Grau-du-Roi
Palavas-les-Flots
Pézenas
Frontignan
Étang de Vic
Bouzigues
Balaruc-les-Bains
Sète
Étang de Thau
Golfe du Lion
Agde
Le Cap d'Agde
Cap d'Agde
MER MÉDITERRANÉE

Principaux sites
Villes fortifiées
Principaux combats
0
25 km
Vallon
Le Bourg-St-Andréol
Vagnas
Ardèche
Rhône
Barjac
St-Ambroix
Pont-St-Esprit
Château de Servas
Mont Bouquet
Lussan
Valsauve
Bagnols-sur-Cèze
Vallérargues
Seyne
Bois de Vacquières
Euzet
Bruyes
Roquemaure
GARD
Martignargues
Ners
Uzès
Castelnau
St-Chaptes
Remoulins
Gard (ou Gardon)
Moussac
La Calmette
Avignon
Gajan
La Croix-de-Fougasse
Rhône
St-Mamet
Nîmes
Beaucaire
Nages
Boissières
Caissargues
Vergèze
Mas de Gaffarel
Aigues-Vives
Générac
Bois de Candiac
St-Gilles
Arles
Vauvert
Le Cailar
Aigues-Mortes
Étang de Vaccarès
Fort de Peccais
Petit Rhône
Grand Rhône

TABLE DES MATIÈRES

Composé par Nord Compo Multimédia
7, rue de Fives, 59650 Villeneuve-d'Ascq

Achevé d'imprimer
dans les ateliers de Normandie Roto Impression s.a.s.
à Lonrai (Orne)
N° d'éditeur : 6783-01-03-01-12
N° d'impression : 114675
Dépôt légal : janvier 2012
ISBN : 978-2-7373-5679-7

Imprimé en France